2.ª edición
# Psicoterapias
Escuelas y conceptos básicos

**JOSÉ LUIS MARTORELL**
PSICÓLOGO CLÍNICO. PROFESOR TITULAR DE LA UNED

2.ª edición
# Psicoterapias
## Escuelas y conceptos básicos

EDICIONES PIRÁMIDE

COLECCIÓN «PSICOLOGÍA»

Diseño de cubierta: Anaí Miguel

Reservados todos los derechos. El contenido de esta obra está protegido por la Ley, que establece penas de prisión y/o multas, además de las correspondientes indemnizaciones por daños y perjuicios, para quienes reprodujeren, plagiaren, distribuyeren o comunicaren públicamente, en todo o en parte, una obra literaria, artística o científica, o su transformación, interpretación o ejecución artística fijada en cualquier tipo de soporte o comunicada a través de cualquier otro medio, sin la preceptiva autorización.

Ediciones Pirámide se compromete con el medio ambiente reduciendo la huella de carbono de sus libros.

PAPEL DE FIBRA
CERTIFICADA

© José Luis Martorell
© Ediciones Pirámide (Grupo Anaya, S. A.), 1996, 2004, 2008, 2010, 2012, 2013, **2014**
   2016, 2017, 2019, 2022, 2023
Valentín Beato, 21. 28037 Madrid
Teléfono: 91 393 89 89
www.edicionespiramide.es
Depósito legal: M. 2.205-2014
ISBN: 978-84-368-3145-0
Printed in Spain

*A Rosa y Paula.*

# Índice

**Prefacio a la edición de 2014** ............................................................. 13

**Introducción** ........................................................................................ 19

**1. Psicoanálisis** .................................................................................. 23

    1. Características generales ............................................................ 23
    2. El psicoanálisis: Sigmund Freud ................................................ 23
        2.1. El aparato psíquico ........................................................... 23
        2.2. La teoría de la libido ........................................................ 24
        2.3. El tratamiento psicoanalítico ............................................. 25
    3. La psicología individual: Alfred Adler ....................................... 29
        3.1. Teoría del carácter y el estilo de vida ............................... 29
        3.2. El carácter neurótico ......................................................... 30
        3.3. El tratamiento ................................................................... 31
    4. La psicología analítica: Carl Jung ............................................... 32
        4.1. La libido ............................................................................ 32
        4.2. El inconsciente .................................................................. 33
        4.3. Los tipos psicológicos ....................................................... 34
        4.4. El tratamiento ................................................................... 38
    Bibliografía ........................................................................................ 39

**2. Desarrollos del psicoanálisis** ........................................................ 41

    1. Características generales ............................................................ 41
    2. Principales desarrollos del psicoanálisis .................................... 42
        2.1. Neofreudianos: Fromm, Horney, Sullivan ......................... 42
        2.2. Tradición analítica del yo y teoría del objeto: Klein, Winnicott, Fairbairn, A. Freud, Erikson, Bowlby ........................ 45
        2.3. Psicoterapia psicodinámica breve: el concepto de foco ....... 54
        2.4. Psicoterapia familiar psicodinámica: N. Ackerman .............. 57

2.5. Psicoterapias de grupo ............................................................... 58
2.6. El psicoanálisis estructuralista de J. Lacan .................................. 60
Bibliografía ............................................................................................ 63

## 3. Terapia de conducta ............................................................................ 65

1. Características generales ................................................................. 65
2. Principales técnicas ......................................................................... 68
   2.1. Desensibilización sistemática: Wolpe ..................................... 69
   2.2. Entrenamiento asertivo ........................................................... 70
   2.3. Técnicas de relajación: Schultz, Jacobson .............................. 70
   2.4. Inundación e implosión: Stampfl ............................................ 71
   2.5. Condicionamiento encubierto: J. Cautela ............................... 72
   2.6. Terapia aversiva ...................................................................... 72
   2.7. Modelado: Bandura ................................................................. 73
   2.8. Biofeedback ............................................................................ 74
Bibliografía ............................................................................................ 75

## 4. Psicoterapias humanistas y existenciales ........................................... 77

1. Características generales ................................................................. 77
2. Principales enfoques ....................................................................... 78
   2.1. Análisis existencial: Bingswanger, May, Laing ..................... 78
   2.2. La psicología del ser: Abraham Maslow ................................ 82
   2.3. Psicoterapia centrada en el cliente: Carl Rogers .................... 83
   2.4. Psicoterapia gestáltica: Fritz Perls .......................................... 85
   2.5. Logoterapia: Victor Frankl ..................................................... 87
   2.6. Terapias corporales. Bioenergética: Alexander Lowen. *Focusing:* Eugene Gendlin ........................................................... 88
   2.7. Análisis transaccional: Eric Berne .......................................... 91
   2.8. Psicodrama: Jacob Moreno ..................................................... 94
Bibliografía ............................................................................................ 96

## 5. Psicoterapias cognitivas ...................................................................... 97

1. Características generales ................................................................. 97
2. Principales enfoques ....................................................................... 98
   2.1. Terapia de los constructos personales: G. Kelly ..................... 98
   2.2. Terapia racional-emotiva: A. Ellis .......................................... 101
   2.3. La terapia cognitiva de A. Beck ............................................. 102
   2.4. El enfoque cognitivo-conductual de D. Meichenbaum .......... 104
Bibliografía ............................................................................................ 107

## 6. Modelos sistémicos en psicoterapia .................................................... 109

1. Características generales ................................................................. 109
2. Principales enfoques ....................................................................... 111

|       |                                                              |     |
|-------|--------------------------------------------------------------|-----|
| 2.1.  | Escuela interaccional: Bateson, Watzlawick                   | 112 |
| 2.2.  | Escuelas estructural y estratégica: Minuchin, Haley          | 114 |
| 2.3.  | Escuela sistémica de Milán: Selvini-Palazzoli                | 115 |
| 2.4.  | Enfoque ecosistémico: De Shazer                              | 118 |
| Bibliografía |                                                       | 120 |

## 7. Eclecticismo, integración y factores comunes ... 121

1. Eclecticismo e integración. Características generales ... 121
2. Propuestas terapéuticas ... 127
   - 2.1. Terapia multimodal: Arnold Lazarus ... 127
   - 2.2. Programación neurolingüística: Grinder y Bandler ... 128
   - 2.3. Psicoterapia cognitivo analítica (PCA) ... 130
3. Factores comunes ... 131
Bibliografía ... 133

## 8. Desarrollos posteriores ... 135

1. Constructivismo ... 135
   - 1.1. Cibernética de segundo orden ... 137
   - 1.2. Sistemas autopoiéticos ... 138
   - 1.3. Complejidad ... 138
   - 1.4. Narrativas ... 139
2. Las terapias conductistas de tercera generación ... 140
   - 2.1. Terapia de aceptación y compromiso (ACT) (Hayes) ... 142
   - 2.2. Terapia dialéctica conductual (TDC) (Lineham) ... 146
3. *Mindfulness* ... 149
4. Psicología positiva (Seligman) ... 151
5. EMDR – *Eye Movement Desensitization and Reprocessing* (Shapiro) ... 154
6. La alianza terapéutica ... 156
Bibliografía ... 159

## Nota (discordante) final ... 161

# Prefacio a la edición de 2014

**VEINTE AÑOS NO ES NADA**

Han pasado casi veinte años desde que escribí la primera versión de este libro. Julio Cortázar decía que un libro debe defenderse por sí mismo y éste no lo ha hecho mal: se ha mantenido vivo este tiempo gracias al interés de estudiantes y colegas a los que doy las gracias. Pero poco a poco se ha ido quedando desactualizado. Presento aquí la actualización con las ideas y propuestas terapéuticas más relevantes, desde mi punto de vista, que han tomado carta de naturaleza en estos años. Hay alguna propuesta técnica realmente novedosa, como el EMDR, aunque su desarrollo deba utilizar conceptualizaciones ya existentes; otras quizá no sean tan nuevas como pretenden, como la psicología positiva, el lector juzgará, pero en todo caso han impactado en cierto número de nuestros colegas. Obviamente, las denominadas «terapias conductistas de tercera generación» se han ganado su lugar bajo el sol y han traído con ellas el interés sobre el *mindfulness*. Parece que se da una cierta convergencia en abrir el foco de la terapia a la experiencia, allí donde no se atendía directamente a ella, y —siempre tal como yo lo veo— una cierta integración del campo, si bien ésta no es plenamente reconocida como tal. Como, aun con esta actualización, el grueso del texto —lo viejo— se mantiene, paso a expresar mi punto de vista sobre la relación entre lo viejo y lo nuevo en psicoterapia.

Mi opinión es que a pesar de que es un hecho que la época, la cultura o el poder de la ideología determinan en buena medida a las personas, la naturaleza humana, nuestra mente en acción, no es tan cambiante. El dolor por la pérdida de un sumerio, la alegría por un logro de un romano, la ambición de un fenicio, el sentimiento de culpa de un ruso blanco, el orgullo por un hijo de un normando, el miedo de un galeote o el deseo de un soldado de los tercios por una mujer seguro que estaban mediatizados por su época, pero mantienen un núcleo esencial común con nuestro dolor, alegría, ambición, culpa, orgullo, miedo o deseo, el corazón de lo que un ser humano lleva a la psicoterapia. La literatura nos ilumina en las constantes del alma humana. Freud toma de la literatura clásica griega modelos que le ayudan a explicar lo que ve. Eric Berne desarrolla, igualmente, su teoría de los guiones de vida utilizando los mitos griegos. Castilla del Pino decía que para aprender sobre la naturaleza humana dejaba los textos sobre psiquiatría y leía a Tolstoi o a Dostoyevski. Recuerdo aún, cuarenta años después, una elegante clase del profesor Juan Mayor en primero de la carrera sobre lo que él llamaba «psicología ametódica» apuntando a la sabiduría psicológica que se contenía en Joyce o Kafka y animándonos a frecuentar sus obras. Si esto es así, si desde cualquier momento de la historia nos puede llegar un atisbo de sabiduría sobre la naturaleza humana y su sufrimiento (el objeto de la terapia), lo es con más razón en nuestro propio campo. Cuando alguno de los psicólogos (psicólogos por su obra, no necesariamente por su título) que nos han precedido ha dicho algo de interés, de verdadero interés, sobre el ser humano en terapia, es más que probable que ese interés sea estable y merezca la pena estudiarlo primero, aunque se haya dicho hace cincuenta años, y mantenerlo después, o como nuestra ropa favorita, o al menos como fondo de armario en nuestro quehacer terapéutico. La realidad del progreso de la ciencia es evidente, en psicoterapia también, pero cada rama de la ciencia tiene su modo de progresar y en nuestro campo tenemos, en mi opinión, que luchar contra dos metáforas engañosas: la *metáfora tecnológica* y la *metáfora farmacológica,* la tecnológica es la más general y la farmacológica es el modo en que se nos cuela a los psicoterapeutas (si son médicos, por formación, y, si son psicólogos, por adherencia al prestigio del modelo médico).

La metáfora tecnológica nos hace pensar en la terapia como en una tecnología que responde al modelo del desarrollo tecnológico, como el de las lavadoras o la aviación. Cuando vamos a coger un avión honramos a los hermanos Wright, pero no se nos ocurriría volar en uno de sus diseños y esperamos que el piloto no haya hecho las prácticas con Lindberg. Esta metáfora contiene, claro, algo de verdad, pero si la utilizamos para considerar «superados» a nuestros hermanos Wright estamos equivocando la naturaleza de nuestro campo. La ideas directas o derivadas de Freud, de Adler, de Skinner, de Rogers, de Kelly, o también de Wolpe, Laing, Selvini, Frankl, Horney, Perls, Beck o Watzlawick, entre otros, tienen, aquí y ahora, una potencia descomunal para un paciente de hoy. *No son la historia de la psicoterapia, son la psicoterapia.* Claro que hay un progreso técnico —el grano de verdad de la metáfora— de depuración, de elección de lo más eficiente, de integración (se la llame así o se ponga en marcha todo un trastorno de evitación experiencial para no nombrarla), pero si asumimos la metáfora tecnológica y mandamos a esos gigantes, o a algunos de ellos, al limbo del museo o a asignaturas marginales, o a ninguna asignatura, asumimos una seria pérdida, que, probablemente, nuestros alumnos o terapeutas en formación de hoy nos reclamen mañana.

La metáfora farmacológica es una variante de la tecnológica con el *sex-appeal* de lo médico. Las terapias se proponen como tratamientos, se investigan como tratamientos y se pretende administrarlas como tratamientos. Incorporamos el lenguaje de los tratamientos médicos porque, de hecho —la parte de verdad de la metáfora—, estamos solapados con ellos: hablamos de pacientes, de síntomas, de tratamientos, de eficacia terapéutica y ahora también de generaciones de terapias, como en medicina, por ejemplo, retrovirales de última generación. En medicina, cuando aparece un nuevo procedimiento probado tiende a implantarse eliminando a los anteriores, como sucedió, por ejemplo, con la cirugía de catarata mediante facoemulsificación, que sustituyó a los procedimientos previos. Al médico ahora se le pide que escuche al paciente (como nosotros), que diagnostique (como nosotros) y que proponga el tratamiento (como nosotros). A partir de ahí la metáfora no funciona, porque el tratamiento no funciona al margen del terapeuta como sí lo hace el fármaco al margen (hasta cierto punto) del médico. El resultado más sólido de décadas de investigación sobre eficacia terapéutica es que el mejor predictor del éxito es la alianza terapéutica: *el terapeuta es el tratamiento*. Decir terapeuta es decir alguien sólidamente formado en psicología, primero; en psicoterapia, en alguna de sus modalidades, en segundo lugar, y capaz (por medio del trabajo sobre sí mismo) de entender, afrontar y utilizar lo que sucede en la sesión entre él y el paciente. Quizá por eso los tratamientos nuevos se solapan con los anteriores, sin sustituirlos del todo. También puede ser que esto suceda porque no son tan nuevos o porque la novedad se superpone a una especie de sabiduría terapéutica común que se ha ido acuñando en estas décadas. O porque es nuevo sólo en un caladero pero no en otro: trabajar sobre lo experiencial y los valores puede ser nuevo para peces del mar cognitivo-conductual pero en el mar humanista llevan cincuenta años haciéndolo; igualmente, la discusión activa de las creencias del paciente o utilizar prescripciones puede ser nuevo en el mar psicodinámico pero no en el cognitivo. Por estas razones, en mi opinión, los tratamientos psicológicos no evolucionan del mismo modo que los farmacológicos y lo nuevo no anula lo viejo del mismo modo, aunque la metáfora sigue teniendo mucho poder. Quizá una prueba de ello —quizá, hablo sólo por mí— es que no tendría ninguna duda en elegir al médico que me toque en la seguridad social para que me trate con los fármacos actuales de mis enfermedades, antes que al mejor médico de los años cincuenta con sus fármacos; pero si mi vida se desmorona y necesito psicoterapia, pediría, si fuera posible, a Carl Rogers que me atendiera. Elija usted a su terapeuta que yo le invito.

La actualización de un libro como éste sobre psicoterapia es un reflejo de mi propia actualización. La psicoterapia no sólo es mi principal interés profesional, es también mi pasión (y el *blues*, y el baloncesto, y mi hija, entre las cosas que puedo dejar por escrito), y su desarrollo me interesa. Un Einstein maduro decía que cuando era joven podía estar al tanto de todo lo que se publicaba sobre física, pero que ahora ni siquiera podía leer todo lo que se publicaba sobre su teoría de la relatividad. Lo que se ha publicado y se publica sobre psicoterapia es igualmente inabarcable y eso lleva a la elección, generalmente, de escuela o de orientación, con sus ventajas (la profundización) y sus inconvenientes (el aislamiento). Este libro no permite la profundización pero apunta contra el aislamiento. He mantenido con pequeños añadidos y alguna actualización bibliográfica los capítulos sobre las grandes escuelas. En la parte final he ampliado la información sobre los hallazgos de investigación, así como el apartado sobre constructivismo y narrativas. Como he señalado más arriba, he incorporado propuestas que no estaban en la anterior edición, como las terapias conductistas de tercera generación, el *mindfulness,* la psicología positiva y el EMDR, y, finalmente, dada la importancia que se le da hoy día, un apartado sobre la alianza terapéutica.

En los últimos diez años he tenido el honor y el privilegio de dirigir el Servicio de Psicología Aplicada de la UNED en el que, desde mi incorporación, se ha seguido el criterio de seleccionar a los terapeutas por sus cualidades personales y la calidad de su formación y no por la escuela que seguían. Así han convivido terapeutas con formación cognitivo-conductual con psicodinámicos, humanistas y sistémicos. Los supervisores, igualmente, venían de tradiciones terapéuticas diferentes. Las asignaciones de pacientes a terapeutas, y de éstos a supervisores, no tenían en cuenta la afinidad sino la pluralidad de enfoques. Esto ha requerido de todos un esfuerzo de apertura, de la voluntad de hacerse entender, de aprender, de querer aprender lo que el otro sabe, de desidentificarse sin perder identidad. La experiencia ha sido muy positiva, la eficacia terapéutica alta y creo que todos hemos crecido con los demás. Mi deuda con los terapeutas por su entusiasmo es infinita: sin duda, he aprendido a ser mejor terapeuta con ellos. Son más de cincuenta y no los puedo nombrar uno a uno, pero, sin asomo de sensiblería, los llevo en mi corazón. Desde luego, han reforzado mi confianza en la filosofía de la integración que anima este libro. Por su trabajo incansable, por anclarme a lo probado sin impedirme volar, por su finura clínica y sus sólidos conocimientos y, sobre todo, por su lealtad y amistad quiero manifestar mi agradecimiento a mi compañero en la labor de dirección, Miguel Ángel Carrasco; la calidad del SPA tiene que ver con él más que con ninguna otra persona. Las conversaciones terapéuticas —en ambos sentidos— con compañeros que han contribuido al desarrollo del SPA me han descubierto aspectos, matices, enfoques o controversias sobre este campo que sin ellos se me hubieran escapado: gracias a Marcela Paz González Brignardello, Miguel Ángel Santed y Belén Gutiérrez.

En estas líneas me he solapado un poco con la introducción de la edición anterior que sigue a continuación y que he mantenido. Ustedes me lo perdonarán. Confío en que esta travesía por las psicoterapias sea de su agrado: los maestros de ceremonias que les acompañarán son, sin duda, de primer nivel. Nos vemos dentro de otros veinte años.

# Introducción

«Soy freudiano y soy conductista y soy humanista.»
ABRAHAM MASLOW

Éste es un libro sobre psicoterapia. Concretamente, sobre lo que han dicho las diferentes escuelas y sus autores más representativos con respecto a lo que es, lo que debería ser y cómo se lleva a cabo la psicoterapia. Todas las escuelas están de acuerdo en un punto: la terapia es, en buena medida, beneficiosa para las personas que la reciben. También suelen estar de acuerdo en la atribución de este éxito: el de los propios pacientes se debe a los méritos de la propia escuela y el de los pacientes ajenos (dudoso) a factores poco fiables. En no pocas ocasiones el acuerdo acaba aquí. Para empezar, no todos aceptan la denominación de psicoterapia para su ejercicio profesional: algunas posiciones desde el psicoanálisis y desde la terapia de conducta la han rechazado. En este texto se utilizará como un modo genérico de referirnos a los tratamientos psicológicos.

La psicología nos ha enseñado que aunque creamos que estamos hablando de otra cosa, en realidad es muy posible que estemos hablando de nosotros mismos. Así que mostrando cómo los terapeutas hablamos de la terapia quizá estemos mostrando cómo somos, y no sólo como profesionales, sino también como seres humanos. La propuesta de este texto es tratar de escucharlo todo e intentar algún tipo de integración más que de exclusión. Por ejemplo, tomemos la definición que de psicoterapia da Laing: «La psicoterapia debe seguir siendo un intento obstinado de dos personas para recuperar la totalidad del ser humano a través de la relación entre ellas». Y veamos también la que da Skinner: «el terapeuta se dedica a curar principalmente por razones de tipo económico. La terapéutica es una profesión. Los servicios que el terapeuta presta son lo suficientemente reforzantes para el paciente y para los demás para permitirle cambiarlos por dinero».

¿Son excluyentes? ¿Hay que optar necesariamente por una o por otra? ¿Es posible atender a ambas a la vez?

Comprometerse a estudiar los elementos básicos de las diferentes escuelas de psicoterapia consiste en estar dispuesto a entrar en un ámbito donde la creatividad, la agudeza y el rigor intelectual conviven con el sectarismo, la ceguera selectiva y el oportunismo sin, aparentemente, mayor problema.

No deja de resultar paradójico que un saber que, dicho con un lenguaje u otro, trata de ayudar a las personas a ver lo limitado de su concepción del mundo y lo innecesariamente estrecho de los márgenes entre los que su conducta tiene lugar tenga dificultades para tratar estas mismas limitaciones en sí mismo. No es imposible que esta situación tenga que ver con el modo en que tradicionalmente se han desarrollado las escuelas de psicoterapia: una figura fundacional, original y carismática, alrededor de la cual se agrupan sus seguidores, se crean criterios de pertenencia al grupo y se trata al nuevo pensamiento original como herético y al viejo como erróneo.

Si lo anterior es cierto, es lógico pensar que alguna responsabilidad tendrán esas figuras fundacionales. La tienen, sin duda, pero, en mi opinión, en un grado menor que aquellos que dicen seguir sus enseñanzas, es decir, las propias escuelas. Leyendo a los grandes autores de la historia de la psicoterapia en sus obras originales siempre me ha parecido percibir un aire más fresco que el que se respira en la lectura que de su propia obra propone su propia escuela: Freud cambia más veces sus posiciones de acuerdo a los datos que observa que lo que están dispuestos a hacer muchos freudianos; Skinner cita a Freud con más acierto y respeto que la mayoría de los conductistas; Maslow se desmarca abiertamente de los psicólogos humanistas que se declaran antifreudianos y anticonductistas, y, finalmente, por no extendernos más, Bateson dedica unas páginas ejemplares al psicoanálisis, combinando la exigencia con el reconocimiento, mostrando una actitud que pocas veces se encuentra en sus seguidores, incluyendo entre ellos a algunos autores de renombre.

No es, por tanto, poca tarea la que le queda a la psicoterapia por recorrer, al menos para estar a la altura de su propio discurso. Cencillo expresa esta exigencia del siguiente modo: «En un sistema de pensamiento o en un método no es tan defectuoso el no ver más allá de un determinado límite (pues no le es posible a un individuo o a una escuela, desde una situación determinada, ver todas las dimensiones del

© Ediciones Pirámide

objeto), cuanto el excluir de antemano lo que otros, desde otras situaciones, han visto. En el primer caso se paga tributo simplemente a la propia condición humana, en el segundo se la ultraja».

Como lectores podemos colaborar a esa tarea tratando de ver lo que de creativo, inteligente y eficaz hay en las propuestas que he intentado resumir en los siguientes capítulos. Es obvio que en ellos no está todo lo que se puede decir: primero, por la voluntaria limitación al formato de esquema y de concepto básico, segundo, por el sesgo que se introduce al elegir una determinada división por escuelas y no otra, con toda probabilidad igualmente válida, y por las exclusiones (por ejemplo, las soluciones que el saber oriental ha dado a los problemas que aquí se plantean). No cabe duda, tampoco, de que todas las propuestas aquí recogidas no son de la misma valía: la psicoterapia no escapa a la tarea machadiana de distinguir los ecos de las voces. Pero sí están, o al menos ésa ha sido mi intención, los principales conceptos e ideas que en occidente han impulsado la consolidación de la psicoterapia como uno de los (pocos) instrumentos que el hombre tiene para enfrentar su propio sufrimiento.

He procurado ser respetuoso con todos los sistemas y puntos de vista que presento, no sólo por un obligado deber de rigor, también porque tengo el convencimiento desde mi propia práctica terapéutica de que cualquiera de las ideas que siguen puede ser la más adecuada para un concreto encuentro entre terapeuta y paciente. Parto de la suposición de que al querer abarcar tanto, apretaré poco. Por ello, para ganar solidez, he pedido ayuda a personas que trabajan desde diferentes perspectivas. De todos ellos recibí más de lo que pedí. Mi agradecimiento para José Antonio Bustos, Lluís Casado, Ana Lía Gana, José Luis Prieto y José Antonio Ríos. Creo que el diálogo con ellos ha enriquecido el libro. Sin ninguna duda, me enriqueció a mí.

# Psicoanálisis 1

## 1. CARACTERÍSTICAS GENERALES

El psicoanálisis es considerado el primer sistema estructurado de psicoterapia, tal como ésta se entiende actualmente. Es un hecho reconocido que el impacto de la obra de Sigmund Freud excede con mucho el ámbito de los tratamientos psicoterapéuticos y ha llegado a influir en la idea que el hombre actual tiene de sí mismo y de su psiquismo; sin embargo, en el nivel en que nació —una teoría del origen de las neurosis y del desarrollo mental general y una forma de tratamiento de aquéllas— ha recibido numerosas críticas, algunas muy relevantes a puntos débiles reales del sistema o sus aplicaciones, pero otras que plantean redefiniciones ignorantes y sesgadas en las que no es fácil reconocer al sistema creado por Freud.

En un sentido estricto, el término «psicoanálisis» se aplica a las teorías formuladas por Freud, sus discípulos y sus seguidores. En un sentido más amplio, se aplica a las psicoterapias que tienen su origen en las proposiciones freudianas aunque introduzcan variaciones conceptuales o técnicas, si bien, hablando con mayor concreción, a estas últimas se las denomina psicoterapias de orientación psicoanalítica y no psicoanálisis. Aquí se presentará el psicoanálisis tal como fue propuesto por Freud y las disidencias y aportaciones de Adler y de Jung, quienes prefirieron denominar a sus sistemas «psicología individual» y «psicología analítica» respectivamente.

## 2. EL PSICOANÁLISIS: SIGMUND FREUD

### 2.1. El aparato psíquico

Para Freud la actividad mental tiene lugar según dos modalidades: *consciente* e *inconsciente*. Los contenidos conscientes los conforman los datos inmediatos, obedecen a las leyes de la gramática y a la lógica formal, y están gobernados por el *principio de realidad,* lo que implica la adaptación al mundo exterior.

Los contenidos inconscientes sólo pueden ser inferidos, el sujeto no está advertido de ellos, ignoran las categorías de espacio y tiempo, y están regidos por el *principio del placer,* una de cuyas manifestaciones es la reducción de la tensión por medio de la realización alucinatoria del deseo. Los procesos inconscientes son de dos clases: los que están sujetos a *represión* (dinámicamente inconscientes) y los que son inconscientes en un momento determinado, pero que al no ser reprimidos tienen la posibilidad de transformarse en conscientes; a estos últimos se los denomina *preconscientes.*

Posteriormente, en lo que se conoce como segunda tópica, Freud estructuró el aparato psíquico en *el yo, el ello* y *el super-yo.* Así, el yo vendría a ser identificado con el consciente y, en palabras de Freud, representaría a la razón y al sentido común, y se gobernaría por el principio de realidad.

El ello, que se correspondería con el inconsciente y estaría gobernado por el principio del placer, sería el depositario de los instintos; Freud lo describe como desorganizado, emocional, oscuro y difícilmente accesible.

Por último, el super-yo, que procede de la *introyección* de las figuras de los progenitores, tal como eran vividas en la niñez y por lo tanto depositarias de lo que está «bien» y «mal». El super-yo incluye elementos conscientes e inconscientes; los mandatos e inhibiciones que derivan de él, al pertenecer al pasado del individuo, pueden estar en conflicto con sus valores actuales; la conducta en conflicto con el super-yo produce culpa.

## 2.2. La teoría de la libido

Freud concibe la libido como una forma de *energía,* la cual tiene su origen en el ello. En un primer momento, Freud concibió la libido como energía específicamente perteneciente a los instintos sexuales (a su vez pertenecientes al ello), pero posteriormente supuso que el yo también la poseía derivada de la del ello. Así, se ha postulado la distinción entre *libido del sujeto,* que es la energía de que dispone el sí mismo en su calidad de sujeto, y *libido del objeto,* que es la energía disponible para invertir en los objetos (las personas o partes de personas significativas para el sujeto).

Freud postula una serie de *etapas del desarrollo de la libido: oral, anal, fálica y genital,* en las que las respectivas *zonas erógenas* priman en cada caso como fuente de placer libidinal. El exceso o la falta de gratificación pueden producir trastornos evolutivos con consecuencias muy relevantes en la vida adulta. Entre las etapas fálica y genital, el psicoanálisis postula una etapa de latencia, en la que las demandas libidinales quedan latentes y hay una mayor preocupación por la adquisición de capacidades.

En su formulación final, Freud postuló junto al *instinto de vida* (Eros), cuya forma de energía sería la libido, el *instinto de muerte* (Tanatos), entendida como la fuerza que impulsa lo que está vivo a la muerte, lo organizado a lo desorganizado; en el caso del instinto de muerte, Freud no llegó a definir el tipo de energía que le correspondería (en algún texto psicoanalítico se la nombra ocasionalmente como *destrudo*).

### 2.3. El tratamiento psicoanalítico

#### a) *El contacto con el hipnotismo*

El psicoanálisis nació en el contexto del tratamiento de la histeria. Un elemento decisivo para el surgimiento y desarrollo del psicoanálisis fue la aplicación del *hipnotismo* a esa enfermedad. Freud participó activamente en la polémica científica que sobre la naturaleza de la hipnosis y el papel de la sugestión se dio entre la Escuela de la Salpêtrière, con Charcot, y la Escuela de Nancy, con Bernheim. Las dos enseñanzas básicas que extrajo Freud del hipnotismo fueron:

— Ciertas alteraciones somáticas eran el resultado de ciertas influencias psíquicas.
— La conducta de los pacientes después de la hipnosis permitía deducir la existencia de procesos anímicos que eran inconscientes.

A partir de los experimentos de Charcot y los estudios de Breuer, Freud fue modelando su teoría explicativa de los síntomas neuróticos, llegando a las siguientes conclusiones:

— La característica de estos síntomas era haberse generado en situaciones que integraban un *impulso* a una *acción,* pero esta acción no había sido llevada a cabo, sino *omitida* por motivos de otro origen, y en lugar de estas acciones habían aparecido los síntomas.

— Tanto los motivos que generaban los síntomas como los impulsos anímicos a ellos enlazados quedaban fuera de la consciencia del paciente, como si nunca hubieran tenido lugar, mientras que sus efectos (los síntomas) *perduraban inmodificados,* sin que les afectase el paso del tiempo.

Por medio de la hipnosis, el sujeto revivía el suceso traumático originario que no había podido ser elaborado conscientemente y así se permitía la desaparición del síntoma. A este procedimiento se le llamó *catarsis* y Freud lo considera el antecedente inmediato del psicoanálisis. El paso decisivo hacia éste fue la renuncia al hipnotismo como técnica terapéutica.

### b) *La asociación libre y la interpretación*

La técnica que sustituyó al hipnotismo fue la *asociación libre,* que consiste en comprometer al paciente a dejar de lado toda reflexión consciente y a comunicar al analista toda ocurrencia sin dejarse llevar por objeciones o reparos (a esto se le conoce como la *regla analítica fundamental*). Freud pensaba que la asociación libre no era, en realidad, libre y que las ocurrencias estarían determinadas por el material inconsciente. Por medio del material proporcionado por la asociación libre y de la *interpretación* de ese material por parte del analista, éste podía reconstruir los elementos olvidados por el paciente.

### c) *Resistencia y represión*

Freud encontró que al aplicar lo anterior, en el transcurso del tratamiento, aparecía por parte del paciente una *resistencia constante,* muy intensa, de la que derivó su teoría de la *represión:* los síntomas sustituían a impresiones e impulsos anímicos que habían sufrido, por influencia de otras fuerzas anímicas, una represión, es decir, habían sido apartados de la conciencia y de la memoria. Esta sustitución, o expresión sintomática, era lo que les confería el carácter de patógenos. Para Freud la represión provenía del yo del paciente y se dirigía hacia impulsos, sobre todo sexuales («muchas veces de naturaleza repulsiva e ilícita», en palabras de Freud). De estos hechos, Freud derivó las siguientes conclusiones:

— Los síntomas patológicos son un sustitutivo de satisfacciones prohibidas.
— Las vivencias y los conflictos de los primeros años de la vida son fundamentales para la evolución del individuo y dejan disposiciones imborrables para la edad adulta.

— Existe, tanto en reacciones somáticas como en actitudes anímicas, una *sexualidad infantil.*

*d) El complejo de Edipo*

Dentro de las vivencias infantiles destacaba por su complejidad la relación afectiva del niño con sus padres, llamada por Freud *complejo de Edipo,* y en el que veía el nódulo de todo caso de neurosis. El complejo de Edipo sería el conjunto de ideas y sentimientos, mayoritariamente inconscientes, que giran alrededor del deseo de poseer al progenitor del sexo opuesto y a eliminar al del mismo sexo; surge entre los 3 y los 5 años, y su «resolución» se logra típicamente *identificándose* con el progenitor del mismo sexo. El quedar *fijado* en el nivel edípico tendrá consecuencias en la vida adulta. También, según Freud, buena parte de la *culpa* y la *angustia de castración* por rivalidad con el padre provienen de esta etapa.

*e) Transferencia y contratransferencia*

A lo largo del tratamiento aparece el fenómeno de la *transferencia,* considerado por Freud como un elemento fundamental del psicoanálisis. Es éste el proceso por el cual el paciente transfiere al analista ideas, sentimientos, deseos y actitudes que pertenecen a su relación con una figura significativa de su pasado (generalmente los padres). Es importante señalar que una característica esencial de la transferencia es su ambivalencia. Así, Freud distingue dos tipos de transferencia: la positiva, compuesta de sentimientos de ternura, y la negativa, compuesta de sentimientos de hostilidad. Para Freud, todo conflicto debía ser enfrentado en la esfera de la transferencia. De este modo, al considerar la transferencia como un proceso en torno al cual gira el tratamiento según el modelo de los conflictos infantiles, Freud estableció el concepto de *neurosis de transferencia.* Ésta sería una neurosis artificial en la que se organizan las manifestaciones de la transferencia y se constituye en la relación con el analista: al esclarecerla por medio del trabajo analítico se llegaría al descubrimiento de la neurosis infantil. La transferencia no sólo proporciona información sobre un conflicto anterior y central, sino que hace que ese conflicto se «represente» en el momento presente. Cuando es el analista el que transfiere de este modo ideas, sentimientos o actitudes al paciente, el fenómeno se conoce como *contratransferencia* y es un elemento altamente perturbador y distorsionante del tratamiento. La *regla de abstinencia,* por la que el analista niega al paciente los deseos o satisfacciones que reclama, permite que la transferencia sea utilizada terapéuticamente.

### f) *Actos fallidos y sueños*

El análisis de los *actos fallidos* y el de los *sueños* (a estos últimos los consideraba la «vía regia» hacia el inconsciente) son igualmente elementos claves del análisis. Para Freud el sueño comparte la estructura de los síntomas neuróticos, y es un ejemplo paradigmático de la actividad inconsciente regida por el proceso primario. Al investigar los sueños, con una técnica similar a la de la asociación libre, se llega desde su *contenido manifiesto* a su *contenido latente*. La *condensación* y el *desplazamiento*, y también la *dramatización* y la *simbolización*, son procesos que enmascaran las ideas latentes del sueño. La fórmula que para Freud mejor define la esencia del sueño es la siguiente: el sueño es una satisfacción (disfrazada) de un deseo (reprimido).

La constatación de que tanto los actos fallidos como los sueños se daban en sujetos normales manteniendo su misma estructura hizo que Freud afirmara que el psicoanálisis no era sólo una nueva terapia para las neurosis, sino también una nueva psicología.

### g) *Actitud y preparación del analista*

Referente a la actitud del analista durante el tratamiento, se ha señalado ya la regla de abstinencia. Además, el analista debe seguir el principio de la *atención flotante*, por el que el terapeuta no dirige voluntariamente su atención a ningún punto específico del material que proporciona el paciente y se deja impregnar por su discurso permitiéndose reconocer cómo resuena éste en él mismo. Tanto para una razonable confiabilidad en los propios recursos psíquicos, para el control de la contratransferencia, como para el adecuado uso terapéutico de los fenómenos de la transferencia, el psicoanálisis exige que previamente a ser practicado los candidatos se sometan a su propio análisis personal, conocido entonces como *análisis didáctico*.

Actualmente se considera que un psicoanalista sigue de un modo ortodoxo las tesis de Freud, es decir, practica la técnica analítica clásica, si hace lo siguiente:

— Ve a sus pacientes diariamente o casi diariamente.
— Los hace tumbarse en un diván y se sitúa tras ellos sin contacto visual mutuo.

- Instruye a sus pacientes para que sigan la regla analítica fundamental de la asociación libre.
- Evita dar consejos, prescribir medicamentos y aconsejar directamente para manejar sus vidas.
- Limita sus propias intervenciones a las interpretaciones.

## 3. LA PSICOLOGÍA INDIVIDUAL: ALFRED ADLER

Una primera aproximación a las discrepancias entre Freud y Adler puede ser resumida en los dos siguientes puntos:

- Freud sigue para sus explicaciones un enfoque causalista, mientras que Adler sostiene un enfoque *finalista* o teleológico (organización de lo actual en torno a un objetivo futuro).
- Adler defiende la densidad del *yo individual*, frente a la fragilidad del yo freudiano derivado del ello.

### 3.1. Teoría del carácter y el estilo de vida

Carácter es para Adler el *estilo de vida* peculiar de cada individuo y que hace de él un ser único. El carácter o estilo de vida se forma durante los primeros 4 o 5 años de vida a través del intercambio y reciprocidad (perturbada o no) con los padres y hermanos. Es decir, son las experiencias dentro del marco familiar las que dan lugar al conjunto de pautas que conforman el plan de vida. Los patrones de pensamiento y conducta así acuñados tienden a aplicarse, con diferencias sólo formales, en la vida adulta. El carácter se organiza alrededor de un objetivo de vida futuro, conocido o no por el individuo, y para alcanzar ese objetivo el individuo define programas, métodos o proyectos, esto es, un *plan de vida*. Así, un punto básico en la teorización adleriana es que cada persona es un organismo unificado, que tiene una experiencia organizada, y que avanza hacia una meta por medio de patrones significativos.

Dado que los elementos principales que conforman la personalidad del individuo se conforman en los primeros años de vida en el entorno familiar, veamos los aspectos básicos de ese entorno que los adlerianos proponen para su comprensión:

- *La atmósfera familiar:* Se crea a partir del entramado de actitudes, relaciones y comportamientos que los padres tienen entre sí.

La atmósfera creada en torno a la relación de los padres es el marco en el que se desarrollará el sentido de la realidad del niño.
— *Los valores familiares:* Dentro de la atmósfera familiar determinados valores adquieren un significado relevante. En este sentido, un valor familiar es aquel acerca del cual los padres mantienen una creencia fuerte. El niño puede aceptar o rebelarse contra estos valores pero no permanecer indiferente. Cuando los hermanos dentro de una misma familia no comparten un valor, se considera que esto sucede porque la atmósfera familiar da lugar a la competitividad.
— *La constelación familiar:* Este concepto, al que Adler daba mucho valor, tiene que ver con el orden de nacimiento del niño. De este modo, considera que la posición en la constelación familiar da al niño una perspectiva peculiar y única sobre las relaciones sociales y sobre sus cualidades. Factores como la diferencia de edad entre hermanos, el sexo, el tamaño de la familia, las relaciones emocionales y las características de cada hermano influyen en la posición dentro de la constelación familiar. Se han hecho algunas generalizaciones sobre las diferentes posiciones (el hijo único tiende a ser tratado como un adulto, el mayor tiene la experiencia del «destronamiento», el segundo puede sentir que está en competición constante con el primero, el pequeño es tratado como un bebé y puede ser menos autónomo) pero cada situación es única y depende sobre todo de los criterios de trato y educativos de los padres y de la interpretación que el niño hace de su posición.

Con este bagaje, la persona enfrenta las áreas importantes de la vida. Las tres áreas básicas de las que se ocupa un individuo, es decir, a las que aplica su plan de vida, son la *profesión,* las *relaciones de amistad* y la *sexualidad* (entendida ésta como una tarea de *dos* seres humanos, y por tanto subordinada al amor). La capacidad de enfrentar estas áreas es para Adler un índice de salud mental. Las alteraciones en cualquiera de las tres áreas pueden llevar a perturbaciones neuróticas.

### 3.2. El carácter neurótico

Un concepto básico en Adler es el de *complejo de inferioridad:* el conjunto de ideas y sensaciones que surgen alrededor de la percepción del niño de su inferioridad orgánica. Para Adler, este sentimiento resulta en un estímulo continuo en el desarrollo psíquico del individuo en busca de su compensación. El opuesto de este complejo sería el *apetito de poder,* afán de hacerse valer o afán de superioridad. La peculiar compensación, sobrecompensación o conducta reactiva de las mujeres que, según Adler, pueden sentir la inferioridad ligada a su sexo toma el nombre de *protesta viril.*

En el individuo neurótico, la búsqueda de seguridad —frente a la inseguridad que produce la sensación de inferioridad— se trata de obtener siguiendo *líneas ficticias directrices,* con las que violenta la realidad de un modo rígido, construyendo una existencia y un mundo *como si* (como si su orientación profesional, social y sexual no fuese ficticia sino adaptada a la realidad). Así, recurre inconscientemente a lo que Adler llamó un *arreglo* («arrangement»), distorsión que crea una situación en la que el sujeto tenga la sensación de realizarse como había soñado. Es decir, la neurosis sería un intento de compensación de la sensación infantil de verse afectado por alguna inferioridad, real o sentida.

## 3.3. El tratamiento

El tratamiento adleriano está basado en la idea de *reeducabilidad* (hay toda una dimensión y una gran aportación pedagógica en la obra de Adler): incluso si se da un fondo de inferioridad real, la compensación o sobrecompensación son posibles.

El cambio del estilo de vida y el desarrollo de un *sentimiento comunitario* —es decir, el encuentro enriquecedor de lo individual y lo social— serían los objetivos de la terapia.

A modo de primera exploración, Adler utilizaba un cuestionario de cinco preguntas; son las siguientes:

— ¿Cuál es su primer recuerdo infantil?
— ¿Cuál es su mayor dificultad actual?
— ¿Cuál es su mayor temor?
— ¿Qué imágenes o situaciones surgen más frecuentemente en sus sueños?
— ¿Qué haría usted si no tuviera esa dificultad?

A esta última cuestión se la denomina, en la terapia adleriana, «la pregunta». Adler consideraba que su respuesta mostraría el propósito al que sirve el síntoma y, por tanto, las áreas que el paciente se resiste a enfrentar.

La terapia pretendería la comprensión del estilo de vida del paciente, la facilitación de esta comprensión al mismo y el apoyo para el cambio a otro estilo de vida. Para ello, el terapeuta adleriano establece cuatro etapas con sus correspondientes objetivos:

1. Establecimiento de una relación terapéutica en la que el paciente se sienta comprendido y aceptado por el terapeuta.
2. Ayudar al paciente a comprender su estilo de vida, revisando las creencias, los sentimientos, los motivos y los objetivos que lo constituyen.
3. Fomentar el insight en lo que se refiere a las metas equivocadas y a las conductas negativas.
4. Introducir y analizar alternativas a los problemas y establecer un compromiso de cambio.

En cuanto a la técnica, Adler mantiene la libre asociación y el análisis de sueños, si bien utilizados para la comprensión de la situación vital del paciente. Por otro lado, a diferencia de los ortodoxos, el terapeuta se sitúa frente a frente con el paciente e interviene de un modo más activo y prescriptivo. También se reducen la frecuencia de las sesiones y la duración global del tratamiento.

## 4. LA PSICOLOGÍA ANALÍTICA: CARL JUNG

Las ideas de Carl Jung suponen una de las primeras grandes secesiones del movimiento psicoanalítico ortodoxo o freudiano, y, al mismo tiempo, comportan un buen número de aportaciones de gran interés.

Los principales puntos de desacuerdo de Jung con Freud giran en torno a los conceptos de la *libido* y del *inconsciente*.

### 4.1. La libido

Para Jung, la libido no puede reducirse a mera energía sexual; lo sexual es una modalidad de fuerzas más profundas y generales. Así, al ser *desexualizada* la libido freudiana, igualmente son desexualizados los elementos que constituyen la vida inconsciente. Para Jung, los posibles elementos sexuales en el origen de una neurosis pueden ser desplazados por cuestiones religiosas, cosmovisionales o políticas: la constricción cultural llega a ser así más intensa que la instetividad natural.

### 4.2. El inconsciente

El concepto de inconsciente también toma una nueva dimensión en la obra de Jung. Por un lado, admite contenidos reprimidos de origen infantil en un sentido cercano a la ortodoxia freudiana; pero para Jung el inconsciente no se agota en estos contenidos, dado que junto a estos contenidos personales ve otros que no provienen de la esfera personal —los contenidos se organizan en racimos a los que Jung llamó complejos— sino que provienen de la posibilidad heredada del funcionamiento psíquico. Así, estos contenidos serían los conjuntos mitológicos, los motivos e imágenes que siempre y en todas partes, tal como dice Jung, sin tradición ni migración histórica pueden de nuevo producirse. A estos contenidos los denominó *inconsciente colectivo*. Éste es idéntico a sí mismo en todos los hombres y constituye por lo tanto un fundamento anímico de naturaleza suprapersonal existente en todo hombre.

Cuando uno de estos contenidos se presenta como una *imagen primordial,* es decir, con un carácter *arcaico* en el sentido de que presenta una clara coincidencia con motivos mitológicos conocidos, es un *arquetipo*. Los conceptos de inconsciente colectivo y arquetipo son centrales tanto en la teoría como en la terapia jungianas, pues tanto el conflicto como su modo de solución vienen expresados por el inconsciente por medio de *un sueño numinoso,* por la afloración de un arquetipo en un sueño. También dan indicaciones del momento evolutivo (o de la terapia) en que está el individuo. Algunos ejemplos de arquetipos en este sentido son los siguientes:

— La Sombra: la parte negativa, el inconsciente reprimido o no asumido; aparece al comienzo del proceso individual.
— El Ánima y el Ánimus: el Ánima es la parte negada, reprimida del psiquismo masculino, que suele adoptar formas de mujer ideal. El Ánimus es la parte reprimida del psiquismo femenino; adopta forma masculina en plural: grupo de varones, magos, etc.
— El Tesoro: el objeto precioso oculto, meta apetecible y difícil, plenitud deseada.

— El Mandala: la integración perfecta de todo en todo, la armonía estable, nada es disonante ni nada está fuera de su lugar; el fin del proceso.

## 4.3. Los tipos psicológicos

Una de las principales aportaciones de Jung es un sistema caracterológico. Propone la existencia de *cuatro funciones psicológicas fundamentales:* pensar, sentir, intuir y percibir. Cuando una disposición orientada por una de estas funciones es *habitual,* imprimiendo así un determinado cuño al carácter del individuo, Jung interpreta que hay ya un tipo psicológico. Los tipos orientados por el pensar y el sentir serían *racionales,* y los orientados por el intuir y el percibir, *irracionales.* El doble tipo de orientación *extravertida-introvertida* (orientado por los datos del exterior, o introduciendo entre éstos y la conciencia un filtro personal que hace que primen los determinantes subjetivos) permite que todos los tipos fundamentales se incluyan en una clase o en otra, teniendo así los siguientes tipos: reflexivo extravertido; sentimental extravertido; perceptivo extravertido; intuitivo extravertido; reflexivo introvertido; sentimental introvertido; perceptivo introvertido, e intuitivo introvertido.

Veamos, de modo resumido, cómo explica Jung los distintos tipos. El propio Jung advierte que sus descripciones son de tipos puros y que la aplicación a personas concretas debe hacerse matizadamente.

### *a)* Tipo extravertido

En la disposición extravertida predomina la orientación según lo objetivamente dado, es decir, la realidad exterior. Así, las decisiones y acciones principales y más frecuentes están condicionadas por circunstancias objetivas y no por puntos de vista subjetivos. Su conciencia mira hacia fuera porque la determinación decisiva le viene de fuera, pero, señala Jung, esto ocurre así porque así lo espera el sujeto.

Su principal interés está en el mundo que lo rodea, es decir, en las personas y en las cosas. Es la influencia de éstas la que guía la acción. Para el extravertido las leyes morales de lo que se hace coinciden con los requerimientos de la sociedad y la moralidad vigente. En general, sus limitaciones y problemas provienen de que se acomodan más que se adaptan, en una relación exagerada con las personas, en el caer en la imitación y en el deseo de hacerse interesantes a los otros. Son sugestionables e influenciables por otras personas.

### a.1) Reflexivo extravertido

Las personas de este tipo subordinan todo a conclusiones intelectuales que se orientan a lo objetivo. Esto les lleva a construir una «fórmula» a la que ajustar la actuación: otorgan a esta «fórmula» objetivamente orientada, ante sí y ante los demás, el poder decisivo. Quieren que los demás hagan lo mismo que él, y esto lo perciben como por su propio bien. Su moral les prohíbe tolerar las excepciones y sus conclusiones, les parecen válidas para toda la humanidad.

### a.2) Sentimental extravertido

El vivir guiándose por su sentimiento caracteriza a las personas de este tipo. La personalidad ya se ha acomodado a las circunstancias objetivas. Así, los sentimientos responden a las situaciones objetivas y a los valores imperantes en la sociedad. Jung aporta como ejemplo típico de las personas de este tipo la elección amorosa: se ama a la persona que «conviene» en el sentido social de la palabra (edad, ingresos, posición, etc.); sin embargo, aclara Jung, se trata de amor auténtico y no de simulación. En este tipo se reprime el pensar si no se ha podido sentir previamente: si lo consiente el sentimiento son lógicos, pero si el pensamiento perturba es rechazado.

### a.3) Perceptivo extravertido

Los pertenecientes a este tipo son descritos por Jung como los seres humanos más realistas: su sentido objetivo de los hechos está altamente desarrollado y, si son normales, se acomodarán de modo evidente a la realidad. Tienen atracción por el goce concreto (tener sensaciones y gozar) y por esta capacidad de goce, por su vivacidad y alegría resultan amables a los demás. Atribuirán su amor a los encantos sensuales de la persona elegida. Estas personas tienen grandes dificultades para manejarse con lo que proviene de su interior: lo que llega desde dentro les parece enfermizo y recusable. La existencia de un conflicto psíquico les parecerá una fantasía anormal.

### a.4) Intuitivo extravertido

Una característica principal del intuitivo extravertido es que no le interesan los valores que todos reconocen, sino las posibilidades. Tiene un gran sentido para la captación de estas posibilidades, es decir, para lo que tiene «futuro». Debido a sus intuiciones sobre las posibilidades de la realidad, les atrae ser comerciantes, especuladores o políticos. Captan con facilidad lo nuevo, entran en ello con entusiasmo e intensidad para renunciar fríamente en cuanto deja de ser nuevo. De este modo, se les plantean problemas si tienen que acomodarse a situaciones estables. Dan la impresión —fundamentalmente a ellos mismos— de que acaban de conseguir lo definitivo de su vida y de que en el futuro no se dedicarán a otra cosa.

En cuanto a la relación con los demás, es escasa su consideración por el bienestar de los que están a su alrededor, de ahí que en muchas ocasiones se le considere inmoral y sin entrañas aun cuando no vive para él, en el sentido de que no se demora lo suficiente en las cosas —las deja para correr tras otras nuevas— como para aprovecharse del fruto de su trabajo. Sin embargo, cuando no es demasiado interesado, puede hacer una buena labor como iniciador o animador de lo nuevo. Jung señala que es el líder de toda minoría prometedora.

### b) Tipo introvertido

El tipo introvertido se orienta desde dentro de sí mismo: ve las condiciones exteriores pero elige como decisivos los determinantes subjetivos. Al introvertido le parece inconcebible que lo decisivo haya de ser siempre la realidad exterior, de ahí que no dé a esta realidad su justa importancia. Jung señala que el problema de las personas de este tipo consiste en que a medida que al yo se le da más importancia, se coloca la realidad exterior en una posición que resulta, a la larga, insostenible para el propio sujeto.

#### b.1) *Reflexivo introvertido*

Las personas de este tipo se caracterizan por el pensar basado en su subjetividad, de tal modo que se relacionan negativamente con la realidad exterior (desde la indiferencia hasta la negación). Su trato puede ser cortés y amable, pero esconden un sentimiento de superioridad, y, de hecho, su objetivo es desarmar al contrario, tranquilizarlo o paralizarlo pues se le percibe como potencialmente perturbador. Son tercos, obstinados en la consecución de sus ideas, no influenciables (excepto por algunos influjos muy personales) y difícilmente piden favores, sobre todo a figuras de poder (si lo hacen, lo harán mal).

Jung les señala una gran falta de sentido práctico, por lo que pueden ser explotados o abusarse de ellos en todo lo que no toque a sus ideas.

Se les puede perjudicar en el aspecto material porque no son conscientes del valor de lo que producen. Cuanto más cerca se esté de ellos, más favorablemente se los juzgará.

### b.2) Sentimental introvertido

Jung describe a las personas de este tipo como calladas y poco accesibles, de temperamento melancólico y poco dadas a hacerse notar. Pueden esconderse tras una máscara infantil o trivial, pero en general aparentan armonía y tranquilidad. Pueden parecer fríos pero es lo contrario, experimentan sentimientos de gran hondura. Son subjetivos: en el extremo pueden hacer algo heroico no adecuado en su proporción a la realidad. Imponen a esta realidad lo sentido secretamente, en términos de un influjo no fácilmente definible: Jung señala que es precisamente esto lo que les hace parecer tener un poder misterioso por el que se siente atraída la pareja extravertida. En los casos extremos creen sentir lo que los demás piensan (críticas, conspiraciones) y se previenen contra ello intrigando o espiando.

### b.3) Perceptivo introvertido

Las personas de este tipo no son nada racionales, no es fácil prever desde fuera qué es lo que hará y lo que no hará impresión en ellas. Da la impresión de que la realidad exterior no encuentra el acceso a su interior. Jung señala que esta impresión queda justificada porque un contenido subjetivo, proveniente del inconsciente, se interpone y capta el influjo del exterior.

Tienen una concepción ilusoria de la realidad. En los casos patológicos la persona no distingue entre la realidad y la percepción subjetiva. Agobian a los que los rodean por su obrar chocante, aunque son inofensivos: más bien son víctimas de la agresividad de los otros, dejan que abusen de ellos y se vengan inadecuadamente con terquedad. Jung recalca que se mueven en un mundo mitológico sin ser conscientes de ello: personas y objetos son dioses benéficos o demonios malignos y como tales influyen en ellos. La persona de este tipo se conforma con encerrarse en sí misma y con lo banal de la realidad.

### b.4) Intuitivo introvertido

El tipo intuitivo introvertido puede cristalizar por un lado en el soñador y en el vidente místico, y por otro en el fantaseador y en el artista.

Para los que los rodean, cuando el tipo es extremado, pueden ser un enigma. Cuando no son artistas, Jung los describe con un cierto colorido: genios desconocidos, bohemios con grandeza, sabios medio lunáticos o personajes de novela «psicológica». En el modo de comunicación con los demás destaca el hecho de que a sus argumentos les falta razón convincente, de tal modo que sólo pueden convertir o revelar. Jung les caracteriza con la expresión «suya es la voz que clama en el desierto».

En el epílogo a su obra sobre los tipos psicológicos (epílogo cuya lectura recomendamos vivamente) Jung da toda una lección sobre lo que hoy se considera lo más moderno en pensamiento psicoterapéutico. Ideas que bajo las etiquetas de complejidad, de constructivismo o de cibernética de segundo orden (implicación del observador en lo observado) parecen configurar el «zeitgeist» actual o espíritu de la época, son expresadas por Jung con una claridad y elegancia deslumbrantes. La dificultad de separar la teorización en psicología de la propia psicología, las múltiples facetas de lo real («todo algo vivo en el alma brilla con varios colores») y la lucha contra la comodidad que supone reclamar para sí el monopolio de la única teoría verdadera («comprendo el deseo, hondamente humano, de comodidad, pero no comprendo por qué la verdad ha de doblegarse a ese deseo») son los asuntos que Jung trata en ese texto y que prueban, si es que ello necesita alguna prueba, que la inteligencia y la lucidez no son privativas de un sistema ni de una época.

### 4.4. El tratamiento

El tratamiento persigue instaurar y llevar a término el *proceso de individuación*. La individuación supone la autoposesión del hombre por sí mismo, el ensanchamiento de la esfera de la conciencia y el desarrollo de su individualidad. Esto lo ha podido perder, o no lograr, la persona por ajustarse a un papel externo, o con una significación imaginaria que la persona se da a sí misma, o también por autolimitarse. Cuando el paciente ha asumido conscientemente todos los contenidos personales asequibles, la individuación ha tenido lugar. La *autorregulación* y la *síntesis de contrarios* son, igualmente, índices de que la persona ha logrado su autoposesión.

Para lograr estos objetivos, el terapeuta jungiano pide colaboración activa al paciente, utiliza el análisis de los sueños y de otras creaciones del paciente, como dibujos o escritos, y trata todo este material amplificándolo en todas sus connotaciones e implicaciones posibles.

## BIBLIOGRAFÍA

Adler, A. (1984). *El carácter neurótico*. Barcelona: Paidós (orig. 1912).
Ávila, A., Rojí, B. y Saúl, L. A. (2004). *Introducción a los tratamientos psicodinámicos* (caps. 1-4). Madrid: UNED.
Cencillo, L. (1971). *El inconsciente*. Madrid: Marova.
Freud, S. (1974). *Esquema del psicoanálisis*. (Obras completas, vol. VII.) Madrid: Biblioteca Nueva (orig. 1923).
Freud, S. (1974). *Compendio del psicoanálisis*. (Obras completas, vol. IX.) Madrid: Biblioteca Nueva (orig. 1938).
Jung, C. J. (2010). *Los arquetipos y lo inconsciente colectivo*. (Obras completas, vol. VI.) Madrid: Trotta (orig. 1934).
Jung, C. J. (2013). *Tipos psicológicos*. (Obras completas, vol. VI.) Madrid: Trotta. (orig. 1921).
Laplanche, J. y Pontalis, J. B. (1971). *Diccionario de psicoanálisis*. Barcelona: Labor (orig. 1968).

# Desarrollos del psicoanálisis 2

## 1. CARACTERÍSTICAS GENERALES

Ya en vida de Freud se produjeron diferencias con sus teorías que incluso llevaron a importantes escisiones (Jung, Adler) dentro del movimiento psicoanalítico. Posteriormente, con la aparición de psicoanalistas que ya no han estado en contacto inmediato con Freud, con la difusión geográfica de las teorías psicoanalíticas y con la atención a determinadas críticas dirigidas tanto contra algunos supuestos básicos del aparato teórico como contra algunos aspectos de la práctica terapéutica, las diferencias con las posiciones ortodoxas se incrementaron. Aunque la valoración variará según el punto de vista más o menos ortodoxo de quien juzgue, estas diferencias han aumentado la riqueza conceptual y técnica de las terapias psicodinámicas consideradas como un todo. El valor de estas aportaciones puede sugerirlo la simple enumeración de algunos autores: Fromm, Horney, Klein, Anna Freud, Fairbairn, Winnicott, Erik Erikson o Lacan. Las terapias basadas en desarrollos del psicoanálisis se definen principalmente por las diferencias, esenciales o de énfasis, con respecto a las propuestas del psicoanálisis ortodoxo. Estas diferencias pueden ser agrupadas en torno a tres grandes áreas:

— Discrepancias con respecto a la importancia —incluso en algún caso se llega a cuestionar la existencia— y la influencia de determinados elementos fundamentales del edificio teórico freudiano (p. ej., la teoría del instinto, la libido).
— Introducción, con gran relevancia en las conceptualizaciones teóricas, de elementos ignorados o subvalorados por Freud (p. ej., incremento de la importancia del yo, mayor valoración de lo interpersonal en el conflicto).

— Cambios en la práctica terapéutica (p. ej., abandonando la pasividad del terapeuta, modificando la duración del tratamiento o de las sesiones).

A pesar de que siempre hay que contar con un grado de solapamiento, por un lado, y por otro con una cierta independencia de cada autor particular (e incluso enfrentamiento, como el de Lacan con la psicología del yo), se pueden establecer agrupaciones, tendencias o tradiciones para revisar las aportaciones que se han dado a partir de los desarrollos del psicoanálisis.

## 2. PRINCIPALES DESARROLLOS DEL PSICOANÁLISIS

### 2.1. Neofreudianos: Fromm, Horney, Sullivan

Sus principales representantes desarrollan su labor en Estados Unidos, si bien algunos de ellos (Fromm, Horney) se formaron en Europa. Los puntos comunes que unen a estos autores son:

— Reducir la importancia de las experiencias infantiles y de la sexualidad en la génesis de las neurosis.
— Reducir la importancia del inconsciente, y describirlo de un modo menos «denso» que en la teoría clásica.
— Enfatizar la importancia de los factores culturales y sociales en la génesis de los trastornos psicológicos.
— Enfatizar la importancia del área interpersonal, tanto en lo que afecta a la buena adaptación como a los conflictos.
— Prestar una gran atención a las experiencias actuales y a los procesos del yo.

*a)* ***Eric Fromm***

Este autor enmarca en la *teoría marxista* sus propuestas. Basa su análisis en la idea de que el problema central de la psicología es el que se refiere al tipo específico de *conexión entre individuo y mundo,* y no el de la satisfacción o frustración de una u otra necesidad instintiva, así como en la idea de que la relación entre individuo y sociedad no es estática.

Para Fromm el hombre ha ganado su libertad frente a las autoridades tradicionales y ya sólo se rige por su razón y su conciencia; sin embargo, siente *miedo a la libertad,* a la libertad de ser él mismo, de ser productivo, de estar plenamente despierto. La consecuencia de todo esto, según Fromm, es quedar subordinado a la producción, a los mecanismos industriales, en lugar de utilizarlos como medios para mejorar la vida. En estas circunstancias, el sentido de sí mismo sólo se lo proporcionará la conformidad con la mayoría, y se sentirá inseguro, angustiado y dependiente de la opinión ajena. Así, obtendrá una pseudoseguridad adorando los productos y a los líderes como si estuvieran por encima de él en lugar de ver que están hechos por él. Fromm señala que de este modo todo el mundo es «feliz», salvo que no siente, ni razona, ni ama.

Comparando los dos sistemas políticos y económicos imperantes en su tiempo, cree que el hombre no está ante la decisión entre capitalismo y comunismo sino ante la fundamental alternativa entre lo que llama «robotismo», que es tanto capitalista como comunista, y el *socialismo humanista comunitario*. En este sentido, defiende Fromm la idea de que los cambios no deben realizarse por la fuerza y que deben suceder simultáneamente en las esferas económica, política y cultural, puesto que los cambios limitados a una esfera destruyen todos los cambios.

Fromm postula una serie de necesidades del hombre que nacen de las condiciones en que el propio hombre desarrolla su existencia: sus pasiones y necesidades más intensas no son las enraizadas en su cuerpo (como la libido freudiana) sino las que nacen de las condiciones de su existencia. En este cambio de foco con respecto a las propuestas de Freud hace radicar Fromm la peculiaridad de su *psicoanálisis humanístico*. Para describir estas necesidades, Fromm las presenta en forma de pares: relación contra narcisismo; creatividad contra destructividad; fraternidad contra incesto; individualidad contra conformidad gregaria y razón contra irracionalidad.

El «self» se ha desplazado del inconsciente —que se reduce a las vinculaciones tradicionales— y constituye el centro de la personalidad consciente e individual. El fin de la terapia consiste en volver a sí mismo tras haberse librado de los vínculos inconscientes de la tradición, es decir, desvincularse del super-yo constituido por el pasado del paciente. En este sentido, el concepto de salud mental que propone Fromm, y al que la terapia tendería, viene caracterizado por la capacidad para amar y para crear, por la liberación de los vínculos incestuosos con la familia, por un sentido de identidad basado en el sentimiento de un yo como sujeto y agente de sus potencias, por la liberación de las ideas de grandiosidad infantil para entrar en contacto con nues-

© Ediciones Pirámide

tras verdaderas fuerzas y, finalmente, por la capacidad de captar la realidad interior y exterior, es decir, por el desarrollo de la objetividad y la razón.

### b) *Karen Horney*

Horney parte de la experiencia de que muchos de los factores relacionados con la neurosis en Europa no eran válidos en América. De ello extrajo la idea de que aunque las experiencias de la infancia originan las condiciones determinantes de la neurosis, no son sus únicas causas: vienen también engendradas por las *condiciones específicas de la cultura* en que vivimos. El papel que tengan particularmente el padre y la madre *en una sociedad determinada* y su respuesta a la *angustia básica* que, según Horney, impulsa a todo niño serán decisivos en el establecimiento de lo normal o de lo patológico.

En la terapia, el paciente es invitado a que pase revista a su vida y en particular a las relaciones que en la actualidad tienen importancia, tratando de poner en claro las ilusiones en las que se fundan sus deseos, sus sentimientos, sus valores y su conducta habitual. El éxito terapéutico consiste en alcanzar un *proceso de individuación* cuyo núcleo es la aspiración del individuo a la consecución de su libertad interior, perjudicada, según Horney, por las normas pedagógicas y culturales.

### c) *Harry S. Sullivan*

Este autor propone que el elemento básico en las perturbaciones o frustraciones de las *necesidades infantiles* es el *ambiente doméstico,* de ahí que en sus interpretaciones dé mucha importancia al *simbolismo del espacio* de habitaciones, casas y de sus *atmósferas.* Es decir, hay un énfasis en las *relaciones interhumanas.* El modo de armonizar o no el mundo interior y el exterior le parece a Sullivan revelador; propone tres modos a través de los cuales el ser humano se maneja con ambos mundos: *protáctico* (indiferenciación entre lo interior y lo exterior, propio de la infancia), *paratáctico* (reaccionar a otro —exterior— no de acuerdo a él sino a expectativas incorrectas —interiores—) y *sintáctico* (las premisas son válidas y las derivaciones lógicas y coherentes).

En la terapia, de un modo concreto, propone Sullivan tres tipos de intervenciones para auxiliar al paciente:

— Aclarar minuciosamente las situaciones interpersonales que tienen recurrentemente resultados desdichados.

— A partir del conocimiento de lo anterior, examinar los efectos menos manifiestos del desorden sobre otras áreas de su vida.
— Afianzar el conocimiento de los desórdenes comunes, buscando los orígenes de los desajustes del desarrollo hasta llegar a las experiencias con personas significativas en el pasado.

Tanto Sullivan como los otros neofreudianos tienden a adoptar una posición más directiva y activa en la terapia. El paciente puede tener una relación cara a cara con el terapeuta en lugar de la clásica del diván. También requieren menos frecuencia de sesiones y una menor duración de tratamiento.

### 2.2. Tradición analítica del yo y teoría del objeto: Klein, Winnicott, Fairbairn, A. Freud, Erikson, Bowlby

Este enfoque da relevancia especial a las *funciones del yo* (se le supone al yo una estructura con capacidad para aprender y actuar), y considera de fundamental importancia para la organización psíquica y el desarrollo normal o patológico las *relaciones con el objeto* (en psicoanálisis, el objeto es aquello hacia lo cual se dirige una acción o un deseo para obtener una satisfacción instintiva; los objetos son casi siempre *personas,* partes de personas o símbolos de personas). Esto supone dar una gran relevancia en las experiencias interpersonales y psicosociales (la introyección de estas experiencias explicaría el desarrollo de la personalidad). Dentro de este enfoque destacan las aportaciones de autores como Melanie Klein, Winnicott, Fairbairn, Anna Freud, Erik Erikson o Bowlby.

#### a) *Melanie Klein*

Esta autora es una pionera en la *aplicación del psicoanálisis a los niños*. Desde el punto de vista teórico, Klein propone el concepto de *posición*. Este concepto se refiere a una configuración específica de relaciones objetales, ansiedades y defensas. Concretamente, Klein habla de las posiciones *esquizo-paranoide* y *depresiva:* son fases del desarrollo, subdivisiones de la etapa oral; así, la esquizo-paranoide ocuparía los tres o cuatro primeros meses, y la depresiva, la segunda mitad del primer año.

La posición esquizo-paranoide viene identificada por el hecho de que el bebé no reconoce personas, sino que se relaciona con *objetos parciales* —el pecho de la madre—; aquí predomina la ansiedad paranoide y los procesos de escisión tanto de su yo como del pecho de la madre en partes *buenas* y *malas*. Klein resalta la importancia de la *envidia* en esta etapa.

Cuando a la madre se la reconoce como un *objeto total* comienza la posición depresiva, predominan la integración y la ambivalencia al advertir que tanto el amor como el odio están dirigidos al mismo objeto y aparecen la ansiedad depresiva y la culpa. Para Klein, ciertas ansiedades paranoides y depresivas siguen siempre activas en la personalidad y su relevancia tendrá que ver con la mayor o menor integración del yo. Esta autora sostiene que la *neurosis infantil* es una defensa contra ansiedades paranoides y depresivas subyacentes.

Específicamente, Klein considera la ansiedad como la respuesta del yo a la actividad del instinto de muerte. La ansiedad paranoide se debería a la proyección del instinto de muerte sobre uno o varios objetos, a los que, a partir de entonces, se siente como perseguidores. La ansiedad tiene que ver con que estos perseguidores lleguen a aniquilar al yo y al objeto ideal. Esta ansiedad se origina en la posición esquizo-paranoide. La ansiedad depresiva, por su parte, viene motivada por la posibilidad de que la propia agresividad aniquile al propio objeto bueno. Se la experimenta tanto por el objeto como por el yo que, al identificarse con el objeto, se siente amenazado. Esta ansiedad tiene su origen en la posición depresiva, cuando ya se percibe al objeto como total y el bebé capta su propia ambivalencia.

Klein aplica el análisis a niños desde los dos años. Uno de los aspectos en que difiere del análisis de adultos es que los padres tienen una presencia real en la vida del paciente y la dependencia de ellos es un hecho social y biológico y no un síntoma neurótico. Esta autora es la creadora de la *técnica del juego* en la que el niño puede usar libremente, en una hora de juego, los juguetes que hay en la sala de terapia. En este sentido el juego *sustituye a la asociación libre* del adulto y permite acceder a las *fantasías inconscientes* del niño, en particular a las referentes a padres y hermanos. Las fases del proceso típico en el análisis de niños son: recogida (activación) de la transferencia, evitación de confusiones (de localización o «geográficas» y zonales), inicio de la posición depresiva o elaboración, «insight» y proceso de «destete» o separación.

Durante el tratamiento la actitud del analista es puramente interpretativa y Klein considera que para que un psicoanálisis esté terminado debe llegarse al período de hablar (verbalizar asociativamente) como en la situación analítica clásica. Las etapas con características propias y diferencias entre ellas son la de los 2 a los 6 años (análisis tempranos), la de los 6 a los 11 años (análisis del período de latencia) y la de los 11 a los 15 años (análisis de la pubertad).

### b) El objeto transicional de Winnicott

La principal aportación de D. W. Winnicott —una aportación ampliamente reconocida por la comunidad terapéutica— es la de *objeto transicional*. Winnicott postula una tercera zona de experiencia situada entre la *realidad exterior* (las relaciones interpersonales) y la *realidad interna* (el mundo interior): una zona intermedia de experiencia entre lo subjetivo y lo que se percibe de forma objetiva.

Winnicott estudia esta zona en los bebés a través del uso que hacen de su primera posesión «no-yo». Estos objetos, que son los objetos transicionales, suelen ser, típicamente, un muñeco o una prenda de ropa. La relación del bebé con ellos se da en esa zona intermedia de experiencia y Winnicott reclama la atención sobre los siguientes puntos:

— La naturaleza del objeto.
— La capacidad del niño para reconocer el objeto como un «no-yo».
— La situación del objeto: dentro, fuera, en el límite.
— La capacidad del niño para crear, idear, imaginar y originar un objeto.
— El comienzo de un tipo afectuoso de relaciones de objeto.

Los fenómenos transicionales son normales y permiten al niño, según Winnicott, efectuar la transición del narcisismo infantil al amor objetal y de la dependencia a la autoconfianza.

Winnicott enmarca la normalidad y el desarrollo normal de estos fenómenos en el estado de *confianza* generado a través de una relación positiva con la madre. Este autor reconoce la estrecha vinculación de sus propuestas con los estudios de Erik Erikson sobre la formación de la identidad: *confianza vs. desconfianza* básica es la primera de las ocho *etapas del hombre* que postula Erikson, y que hace igualmente depender de las sensaciones que la madre proporciona al bebé.

También en la relación con la madre nace, según Winnicott, el *juego*, como un espacio potencial que existe entre la madre y el hijo. La capacidad y el amor por el juego —al que considera por sí mismo una terapia— son un índice de salud mental. El juego siempre está en el límite entre lo subjetivo y lo objetivo, y supone un continuo con los fenómenos transicionales: para Winnicott hay un desarrollo que va de los fenómenos transicionales al juego, del juego al juego compartido y del juego compartido a las experiencias culturales.

Coherentemente con lo anterior y con la idea de que la existencia experiencial del hombre se forja sobre la base del juego, Winnicott sostiene que la terapia debe ofrecer oportunidades para el tipo de experiencia y para los impulsos creadores, motores y sensoriales que constituyen la materia del juego.

### c) El enfoque psicopatológico de Fairbairn

Este autor aporta una propuesta sobre la génesis de los trastornos psicopatológicos en coherencia con su adscripción a la teoría del objeto. Sugiere que la esquizofrenia y la depresión están ligadas a los trastornos del desarrollo durante la etapa de dependencia infantil. Las otras neurosis reflejarían la operación de diferentes *técnicas* (obsesiva, histérica, fóbica y paranoide) durante la etapa de semiindependencia, que se usan para manejar los objetos aceptados y rechazados. Fairbairn describe estas cuatro técnicas como sigue:

1. *Técnica obsesiva:* Localiza al objeto bueno y al malo dentro de sí mismo, identificándose con el bueno y considerando al malo un contenido extraño al que debe controlar.
2. *Técnica histérica:* Localiza al objeto bueno fuera de sí mismo y al objeto malo dentro sí mismo.
3. *Técnica fóbica:* Localiza a ambos objetos fuera de sí mismo o imaginándose a sí mismo protegido por el objeto bueno pero con riesgos de ataques del objeto malo.
4. *Técnica paranoide:* Localiza al objeto bueno dentro y al malo fuera, identificándose con el objeto bueno pero concibiéndose como sujeto de persecución por parte de objetos externos a sí mismo.

Estas cuatro técnicas son consideradas por Fairbairn como procesos normales del desarrollo que bajo determinadas condiciones darán lugar a neurosis.

### d) Los mecanismos de defensa: Anna Freud

Las principales aportaciones de Anna Freud son sus trabajos sobre los *mecanismos de defensa del yo* y sus ideas sobre el *análisis de niños*.

Los mecanismos de defensa (expresión ya introducida por Sigmund Freud junto con la descripción de algunos de ellos) hacen referencia a todas las técnicas utilizadas por el yo para dominar, controlar, encauzar y utilizar fuerzas que podrían empujar hacia la neurosis. Anna Freud, si bien no se propuso enumerarlos de forma exhaustiva, apuntó la existencia de las siguientes defensas: represión, regresión, formación reactiva, anulación retroactiva, introyección, proyección, aislamiento, vuelta contra sí mismo, transformación en su contrario y sublimación. Veamos brevemente la definición de estas defensas:

— *Represión:* Proceso por el que un impulso o idea inaceptable se torna inconsciente. Es la defensa por excelencia; incluso Sigmund Freud llegó a afirmar que la teoría de la represión era la piedra angular sobre la que descansaba todo el edificio del psicoanálisis.
— *Regresión:* Un retorno a formas anteriores del funcionamiento psíquico. La persona intentaría así evitar la angustia volviendo a una etapa anterior del desarrollo.
— *Formación reactiva:* Proceso por el que un impulso o deseo inaceptable es controlado por la exageración de la tendencia opuesta. Por ejemplo, la castidad puede ser una formación reactiva frente al deseo sexual vivido como inaceptable.
— *Anulación retroactiva:* Proceso por el que la persona se comporta como si una idea o acción anteriores que resultan amenazadoras no hubieran tenido lugar.
— *Introyección:* Proceso por el que la persona coloca dentro de sí lo que en realidad está fuera. Típicamente, el super-yo está conformado por la introyección de las figuras parentales.
— *Proyección:* Proceso por el que la persona coloca fuera de sí, en otra persona o cosa, sentimientos, deseos o características propios. Por ejemplo, suponer de otro sentimientos agresivos hacia uno mismo cuando es uno quien los tiene hacia el otro pero se los niega.
— *Aislamiento:* Proceso por el que la persona aísla un pensamiento o un evento, rompiendo así sus conexiones con el resto de sus vivencias y evitando, por tanto, que forme parte de su experiencia significativa.
— *Vuelta contra sí mismo y transformación en su contrario:* Estos dos procesos están tan ligados que se considera imposible describirlos por separado. Parten de la idea de que los instintos son capaces de sobrellevar una transformación. Los dos ejemplos

clásicos para ilustrar estas transformaciones son el sadismo-masoquismo y el voyeurismo-exhibicionismo.
— *Sublimación:* Proceso por el que un instinto (de componente sexual o agresivo) es derivado hacia un fin diferente. En general se acepta que las verdaderas sublimaciones son socialmente aceptables. La actividad artística y la investigación intelectual se consideran ejemplos de sublimaciones.

Con respecto al análisis de niños, Anna Freud discrepa de Melanie Klein al sugerir que el hecho de que la dependencia del niño de sus padres sea real (a diferencia del caso de un adulto) implica que han de introducirse modificaciones en la técnica.

*e)* *Las edades del hombre: Erik Erikson*

Erik Erikson es uno de los psicoanalistas más ampliamente citados y respetados fuera de los círculos psicoanalíticos. La claridad, la falta de dogmatismo y la perspicacia y utilidad clínica de sus propuestas le mantienen aún hoy día entre los autores de más recomendable lectura.

Una de sus principales aportaciones es el entendimiento de los avatares que pueden originar en la infancia una alteración mental desde una triple perspectiva somática, mental y social. Entiende Erikson que al igual que no hay ansiedad sin tensión somática, tampoco hay ansiedad individual que no refleje una preocupación latente común al grupo inmediato (familia) y al más amplio (comunidad cultural). De este modo, su propuesta es que la ansiedad individual, la tensión somática y el pánico grupal sean considerados sólo distintos modos en que la ansiedad humana se presenta a los distintos métodos de investigación.

El concepto de *desarrollo del yo* como garante de estabilidad psíquica es central en la teorización de Erikson. Las cualidades del yo surgen de los períodos críticos del crecimiento, en los que la persona muestra que su yo es lo bastante fuerte como para integrar el programa de desarrollo del organismo con los requerimientos de las instituciones sociales. El estudio de estas etapas en las que el hombre despliega, o fracasa en el intento de desplegar, cada una de las cualidades constitutivas del yo es quizá la aportación de Erikson más ampliamente difundida. Postula *ocho edades del hombre,* en cada una de las cuales presenta la cualidad correspondiente y su par antitético:

1. Confianza básica contra desconfianza básica: se desarrolla sobre todo en la relación con la madre al principio de la vida. El

fracaso en alcanzar esta confianza puede dar lugar en la vida adulta a estados esquizoides y depresivos. Corresponde a la etapa oral de la teoría freudiana. Virtud básica de esta etapa: esperanza.
2. Autonomía contra vergüenza y duda: en esta etapa el logro de autocontrol sin la pérdida de autoestima da origen a un sentimiento perdurable de buena voluntad y orgullo. Por el contrario, un sentimiento de pérdida del autocontrol y de un excesivo control de otros da origen a una propensión duradera a la duda y a la vergüenza. Corresponde aproximadamente a la etapa anal. Virtud básica: fuerza de voluntad.
3. Iniciativa contra culpa: el desenvolvimento correcto de esta etapa agrega a la autonomía la cualidad de objetivo, de planeamiento y de placer por la actividad; el fracaso en lo anterior lleva a la resignación y a la culpa. Corresponde a la fase edípica. Virtud básica: propósito.
4. Industria contra inferioridad: aparece el placer de completar un trabajo mediante una atención sostenida y la perseveración. Es la etapa en que los niños reciben instrucción sistemática. El fracaso aquí se traduce en sentimientos de inadecuación y de inferioridad. Corresponde a la etapa de latencia (de 8 a 13 años). Virtud básica: capacidad.
5. Identidad contra confusión de rol: el logro aquí es la identidad yoica como experiencia acumulada de las capacidades del yo, la confianza en la continuidad de uno mismo. El peligro de esta etapa es la confusión que puede dar lugar a sobreidentificaciones con personas, estereotipos o rasgos distintivos (raza, clase, grupo). Corresponde a la adolescencia y primera juventud. Virtud básica: fidelidad.
6. Intimidad contra aislamiento: la capacidad de entregarse a afiliaciones y asociaciones concretas con otros define la intimidad. El fracaso llevaría al distanciamiento de los demás y al aislamiento. Corresponde al logro del nivel genital de la teoría freudiana. Va de los 20 años a la edad madura. Virtud básica: amor.
7. Generatividad contra estancamiento: generatividad es la preocupación por establecer y guiar a la nueva generación. Si esto falla tiene lugar una regresión a una necesidad obsesiva de pseudointimidad, y el sentimiento es de estancamiento y empobrecimiento. Corresponde a la edad madura. Virtud básica: cuidado de otros.

8. Integridad del yo contra desesperación: es la aceptación del propio y único ciclo de vida, el sentimiento de armonía con el propio estilo de vida. El fracaso aquí, que es el fracaso en la vida, lleva a la desesperación: el tiempo que queda es corto para intentar otra vida. Corresponde a la vejez. Virtud básica: sabiduría.

### f) La conducta de apego: John Bowlby

La influencia que la obra de John Bowlby ha ejercido sobre el pensamiento psicológico es enorme. Además de la calidad e importancia de sus aportaciones, no es ajeno a esta influencia el talante integrador con que trata los temas de los que se ocupó: aunque explícitamente parte del psicoanálisis, siendo especialmente afín a los teóricos de las relaciones objetales, incorpora principios de la etología, busca los puntos de encuentro con las teorías del aprendizaje y considera que sus aportaciones tienen estrechos vínculos con la psicología cognitiva. También, modelos actuales de terapia basados en los acercamientos constructivistas, sistémicos o interpersonales citan a Bowlby entre sus referentes teóricos.

El interés principal de Bowlby fue el estudio y descripción de los *vínculos afectivos* y, especialmente, de la *conducta de apego*. Bowlby considera que la conducta afectiva, es decir, los comportamientos producto de la propensión que muestran los seres humanos a establecer vínculos afectivos sólidos, es un tipo de conducta social de importancia equivalente a la de apareamiento y a la paterna. Específicamente, la conducta de apego derivada del vínculo que une al niño con su madre es considerada por Bowlby como un comportamiento diferente del nutricio y del sexual, que tiene una importancia igual a la de éstos en la vida del hombre. La conducta de apego es entendida como toda clase de comportamiento que alcanza o mantiene la proximidad a otra persona diferenciada y que es considerada como más fuerte y sabia. En el ser humano este comportamiento incluye el llanto y la llamada (que posibilitan el ser atendido), el seguimiento, la adhesión y también la protesta si el niño queda solo o con extraños.

Bowlby estudió tanto las condiciones normales de desarrollo de la conducta de apego como las condiciones patógenas. De modo especial estudió las consecuencias para el niño de los diferentes tipos de separación y pérdida de la madre. Su tesis es que, además de los que se producen en la niñez, un buen número de trastornos psicológicos de la vida adulta están relacionados estrechamente con desviaciones del desarrollo de la conducta de apego o con el fracaso de este desarrollo.

Concretamente, Bowlby describió una serie de patrones típicos de acción parental patógena que podrían originar trastornos psicológicos duraderos:

— No responder a la demanda de cuidados o rechazar activamente al niño.
— Discontinuidades en la asistencia parental.
— Amenazas de los padres como medio de controlar al hijo.
— Amenazas de los padres de abandono de la familia como medio de coacción al niño o al cónyuge.
— Amenazas de un cónyuge al otro de agresión, muerte o de suicidio.
— Inducir la culpa en el niño diciendo que su comportamiento será causa de enfermedad o muerte de uno de los padres.

Un buen número de individuos ansiosos, inseguros, excesivamente dependientes o inmaduros se han desarrollado en ambientes familiares como los descritos arriba. De hecho, estos comportamientos parentales no sólo es probable que provoquen la ira del niño contra sus padres, sino que además se den en un contexto que inhiba o prohíba su expresión. Bowlby señala que el resultado de esto es un resentimiento en buena medida inconsciente, que persiste en la vida adulta y se suele expresar desplazando el resentimiento hacia alguien más débil, como la esposa o el hijo.

A partir de lo anterior se proponen una serie de principios psicoterapéuticos que comienzan por la identificación y evaluación de las situaciones que generaron los síntomas que el paciente presenta. Bowlby sugiere que, si es viable, se realice alguna entrevista con la familia, puesto que esta técnica es posible que revele la verdadera naturaleza de los patrones de comportamiento actuales mejor que cualquier otra. En cuanto a la acción específicamente psicoterapéutica, sugiere algunas tareas, relacionadas entre sí, que el terapeuta debe realizar:

— Proporcionar al paciente una base segura a partir de la cual pueda iniciar la exploración de sus relaciones significativas. En este entorno de seguridad se transmite al paciente la confianza de que se le considera capaz de decidir por su cuenta.
— Ayudar al paciente en sus exploraciones, animándole al análisis de sus comportamientos con figuras significativas y de las emociones y sentimientos que acompañan a estos comportamientos.

— Llamar la atención del paciente sobre cómo percibe tanto los sentimientos como las acciones del terapeuta hacia él y cómo actúa luego de acuerdo a esta percepción, para terminar considerando si estas percepciones y acciones pudieran ser total o parcialmente inadecuadas a la luz de lo que sabe realmente del terapeuta y de lo que la terapia va desvelando.
— Ayudarle a considerar los paralelismos entre las percepciones, acciones y reacciones que tiene actualmente, incluyendo las que suceden entre él y el terapeuta, y las que tuvieron lugar con figuras por las que sentía apego. Enfatiza que no sólo hay que ocuparse de cómo sus padres se comportaban con él en la infancia, sino también en la adolescencia e, incluso, en el momento actual.

Bowlby advierte que cuanto más negativas hayan sido las experiencias del paciente con sus padres, tanto más difícil le será confiar en el terapeuta y percibirá de un modo más distorsionado lo que éste dice o hace. A modo de resumen, la terapia consistiría en ayudar al paciente a revisar las representaciones de sí mismo y de sus figuras de apego para que vea cómo estas representaciones, de un modo no consciente, están determinando sus percepciones. Se le ayudaría a ver cómo esas representaciones se originaron en la infancia y adolescencia en su relación con personas significativas, y, finalmente, se trataría de ayudarle para modificarlas de acuerdo a datos de su experiencia actual. En algunos casos específicos que se salen de este planteamiento general, como pudieran ser los casos de pérdidas recientes de seres queridos, Bowlby sugiere estrategias especiales. En el caso mencionado de pérdidas recientes se sugiere que hay que procurar que el paciente recuerde y cuente del modo más detallado posible todas las circunstancias y eventos que condujeron a la pérdida, la experiencia personal de dicha pérdida y la historia de la relación con esa persona, en lo que haya tenido de positivo y de negativo. Parece ser ésta una condición necesaria para abrir la posibilidad de enfrentarse al futuro.

### 2.3. Psicoterapia psicodinámica breve: el concepto de foco

En este enfoque se proponen una serie de modificaciones de la técnica clásica, principalmente referidas a la duración del tratamiento y a la actitud del terapeuta. En general, esta orientación *limita la duración de la terapia* y requiere una *actitud más activa* del terapeuta.

En estos acercamientos el concepto de **foco** es, en general, central: se trabaja focalizándose en los problemas, atendiendo a los determinantes actuales del conflicto y fortaleciendo y reforzando los aspectos no conflictivos del sujeto.

Históricamente fueron Sandor Ferenczi y Otto Rank, psicoanalistas contemporáneos de Freud, los primeros en proponer modificaciones al método clásico, reduciendo la extensión del tratamiento y sugiriendo una participación más activa y directiva del terapeuta. Plantearon enfatizar más la relación paciente-terapeuta y cómo éste transfería hacia aquél los sentimientos relacionados con figuras relevantes de su vida, en lugar de centrarse en el pasado del paciente. Defendieron que este cambio acortaría significativamente el análisis.

Aunque sus propuestas no tuvieron eco en su época, posteriormente fueron recogidas por Alexander, quien, estudiando los tratamientos que habían tenido que ser acortados por alguna circunstancia, encontró que no se confirmaban los supuestos clásicos de que la duración de la terapia era proporcional a la magnitud del cambio, que los éxitos alcanzados después de pocas sesiones fueran superficiales y temporales y que el éxito estaba basado en que el paciente dependiera regresivamente del terapeuta. A raíz de estos datos, muy criticados en su momento, Alexander alentó la postura activa del terapeuta y el adecuarse a las necesidades del paciente para conseguir una relación más realista y emocional con él. A la consecución de lo anterior Alexander la llamó la **experiencia emocional correctiva,** y de su logro hizo depender el éxito de la terapia. Proporcionar al paciente una experiencia emocional correctiva se considera actualmente uno de los elementos con más poder explicativo para dar cuenta de la potencia curativa o de cambio de la psicoterapia de cualquier orientación, es decir, sería un importante *factor común* del éxito terapéutico.

Michael Balint desarrolló sistemáticamente el concepto de foco en su *Taller de Psicoterapia Focal*. El terapeuta adopta una postura activa para *encontrar el foco apropiado* de entre los que trae el paciente y, una vez establecido, se aproxima de modo constante a ese foco utilizando la interpretación y descartando (no interviniendo sobre ello) el material que no se relaciona directamente con él. El foco debe ser específico y no general, estar claramente definido y no utilizar un lenguaje ambiguo o hueco.

Entre los autores más influyentes de esta orientación está David Malan, antiguo participante en los Talleres de Balint, con su *psicote-*

*rapia focal*. Un primer factor diferenciador de sus propuestas consiste en la adecuada *selección del paciente* para establecer las motivaciones de la demanda de terapia y la estructura de su personalidad. A partir de esto se trata de establecer el *foco terapéutico,* bien porque emerge en las primeras sesiones, o bien porque lo establece el terapeuta a partir de lo no dicho. En general, se entiende por foco terapéutico una formulación amplia e integradora de los problemas del paciente que contiene tanto los síntomas como los componentes psicodinámicos, como, por ejemplo, los conflictos no resueltos. El cambio terapéutico, según Malan, vendría producido fundamentalmente a través de la interpretación activa de los sueños, la fantasía y la transferencia, especialmente el nexo transferencial con los padres.

Otro modelo de terapia breve ha sido desarrollado por Peter Sifneos. Su modelo es conocido como *psicoterapia evocadora de ansiedad de corta duración* y está basado en la introducción del conflicto central desde la primera sesión (Malan lo introducía gradualmente por medio de interpretaciones). El paciente es presionado a admitir que sus síntomas son manifestaciones de un proceso central. Esta maniobra es muy provocativa y desencadena la ansiedad. La intervención básica es la continua interpretación de las reacciones negativas del paciente hacia el terapeuta y de la resistencia a abordar el conflicto central. Se intenta que el paciente no pierda la atención sobre las estrategias que usa para evitar la ansiedad en la sesión. La aplicación de este modelo requiere una cuidadosa evaluación previa de los pacientes para descartar a aquellos que no puedan tolerar un nivel creciente de ansiedad.

Por su parte, Habib Davanloo ha desarrollado la que llama *psicoterapia dinámica de corta duración* y que parece ser aplicable a un abanico más amplio de pacientes que los modelos presentados hasta ahora. El papel del terapeuta de este modelo es descubrir temas que molestan al paciente y que activan sus resistencias. Una vez descubiertos, el terapeuta debe retar estas resistencias, lo que provocará la ira del paciente. Éste manejará su ira de acuerdo con sus pautas habituales, manejo y pautas que serán sistemáticamente interpretados por el terapeuta tratando de establecer el nexo entre la transferencia en la terapia y el comportamiento con figuras significativas del pasado y del presente del paciente.

Otro autor, L. Pinkus, que denomina a su enfoque *psicoterapia analítica breve*, añade a los planteamientos psicoanalíticos conceptualizaciones sistémicas y, así, define las características y objetivos principales de su terapia del siguiente modo: una técnica de exploración de la personalidad, fundada en la teoría psicoanalítica, que tiene por meta

© Ediciones Pirámide

la modificación del sistema de personalidad para transformarlo de «cerrado» en «abierto» y el restablecimiento de un equilibrio emocional homeostático dentro de un período de tiempo determinado.

En el extremo de la reducción de la duración del tratamiento está la *psicoterapia breve, intensiva y de urgencia* (PBIU) de L. Bellack, unas cinco o seis sesiones una vez a la semana, más una sesión de seguimiento un mes después. Esta propuesta se desarrolló en el contexto de la psiquiatría y salud mental comunitarias y se basa en las necesidades de esta última, siguiendo el concepto de medicina de urgencia como paradigma. Su práctica requiere, según Bellack, una habilidad y experiencia específicas. En este enfoque se seleccionan objetivos y problemas en lugar de seleccionar pacientes, y se considera esencial una conceptualización aproximada, formular los conceptos de manera clara y usar un estilo de comunicación adecuado.

Los elementos comunes a estas terapias son los siguientes:

— Fijación en el comienzo de la terapia del foco sobre el que se va a trabajar.
— Establecimiento activo temprano de la alianza terapéutica.
— Contar explícitamente con un tiempo limitado.
— Trabajo inmediato sobre las resistencias.
— Propiciar activamente la experiencia emocional correctiva del paciente.
— Fomentar el control del paciente sobre sí mismo.

## 2.4. Psicoterapia familiar psicodinámica: N. Ackerman

Ackerman propuso entender a la familia como una unidad social y emocional, propuesta en la que fue pionero. Así, desde un punto de vista conceptual, señaló que las familias con problemas comparten un defecto común: ninguno o casi ninguno de sus miembros ha desarrollado los recursos y habilidades personales necesarios para funcionar como adultos autónomos. Sin embargo, a pesar de esta comunalidad, Ackerman ve una diferencia esencial entre la calidad de las interacciones emocionales de la familia que genera un miembro neurótico y la que genera un miembro psicótico:

— Familia neurótica: establece el tabú «el hijo no debe ser diferente».
— Familia psicótica: establece el tabú «el niño no debe ser».

La meta del estudio familiar es aclarar la relación de interdependencia fundamental entre el trastorno homeostático del individuo con problemas y el desequilibrio homeostático del grupo familiar. La intervención terapéutica, que se realiza sobre el grupo familiar, incide en la homeóstasis de la unidad familiar y de ese modo se modifica el curso del problema.

En general, opina que los *conflictos familiares* pueden estar *controlados*, *compensados* o *descompensados*. El terapeuta debe establecer hasta dónde el conflicto induce un daño progresivo en las relaciones principales, perturba la complementariedad en las relaciones de roles y predispone así a la ruptura de la adaptación individual.

En lo referente a la terapia, sostiene Ackerman que debe basarse en una *formulación diagnóstica unificada* de los procesos dinámicos de la vida familiar y tiene que abarcar técnicas dirigidas a las múltiples relaciones que se interpenetran dentro de la familia y a los procesos de adaptación de la familia a la comunidad.

## 2.5. Psicoterapias de grupo

La necesidad que sintieron algunos terapeutas de formación psicoanalítica de contar con tratamientos más económicos, más cortos y que estuvieran a disposición de una capa más amplia de la población, junto con las consideraciones de orden teórico y técnico que apuntaban a unos ciertos fenómenos de interacción que no se daban en la terapia individual, fueron los factores que llevaron al desarrollo de las psicoterapias de grupo.

Se considera a Jacob Moreno el introductor del término «psicoterapia de grupo». Es el creador de una terapia de grupo denominada *psicodrama*, que presentaremos en el capítulo dedicado a las terapias humanistas.

Vamos a ver aquí algunos modelos de terapia de grupo que mantienen una orientación psicoanalítica, junto con otros tipos de grupo que trabajan con presupuestos u objetivos de otra índole.

### a) *Grupos psicoanalíticos*

Uno de los primeros terapeutas que estructuraron un sistema de psicoterapia de grupo fue Slavson, quien comenzó sus experiencias grupales con niños y posteriormente extendió sus teorías a los adultos. Slavson parte de la definición de lo que considera los elementos comunes a toda psicoterapia; propone los siguientes: 1) relación (transferencia); 2) catarsis; 3) insight; 4) prueba de realidad, y 5) sublimación. Slavson piensa que la psicoterapia individual aporta sólo los tres primeros, mientras que la grupal proporciona también los dos últimos como parte de la situación de tratamiento. Para conducir un grupo considera que el terapeuta debe tener una información adecuada del problema central de cada miembro del grupo, así como conocer adecuadamente su psicodinámica y su psicopatología. A partir de este conocimiento el terapeuta decide el tipo de tratamiento a seguir con cada paciente y su profundidad, considerando si se ocupará de los conflictos básicos o si trabajará con la conducta y la actitud.

Desde un punto de vista psicoanalítico, los defensores de la terapia de grupo consideran que la interpretación, la libre asociación y el análisis de la transferencia son posibles en un contexto de grupo, siendo este contexto, además, particularmente apropiado para minar la resistencia al tratamiento, reducir sentimientos de aislamiento y hacer aflorar las características comunes entre las personas.

### b) *El grupo Tavistock*

Esta modalidad de grupo fue creada por Bion. Se mantiene dentro de la tradición psicoanalítica, pero aquí la atención del terapeuta, en lugar de dirigirse a las dinámicas individuales, se dirige hacia la vida del grupo, es decir, hacia la corriente de sentimientos e interacciones. De este modo, el grupo es tratado como un paciente: las interpretaciones se dirigen al grupo como un todo y el objetivo es lograr el insight sobre las reacciones de transferencia que aparecen en el grupo.

Para lograr este objetivo, el terapeuta trata de movilizar las necesidades y expectativas infantiles de los participantes, tales como necesidades de apoyo o cuidado. Bion considera que la interpretación del terapeuta del fondo emocional y de la conducta del grupo llevará a alcanzar la comprensión de los procesos del grupo: comprender el equilibrio entre las fuerzas adultas e infantiles que lo gobiernan.

### c) *El grupo T*

Este tipo de grupo ya se aleja de la orientación psicoanalítica. Los grupos T (del inglés «training» = entrenamiento) surgen de las aportaciones de Lewin, quien consideraba al grupo un potente medio de aprendizaje y educación. A partir de un esquema de talleres de aprendizaje, se trata de mejorar las habilidades de solución de problemas y la calidad de las relaciones interpersonales. Este tipo de grupo sobrepasa los límites de la terapia para entrar en el terreno de la formación en la empresa y las organizaciones.

El grupo T consta de 8 a 16 miembros, el líder potencia el uso de la retroalimentación interpersonal y el análisis de la experiencia en el «aquí y ahora», orientándose a la generación y discusión de alternativas a los problemas propuestos.

### *d) El grupo de encuentro*

Con una incorporación clara de elementos del movimiento humanista (Rogers les prestó mucha atención y participó en su desarrollo), los grupos de encuentro también se presentan como grupos no estrictamente orientados a lo psicopatológico, incluyendo en ellos a personas que no presentan ninguna alteración psicopatológica que los utilizan como palanca de desarrollo personal. El objetivo de los grupos de encuentro es el crecimiento personal y el cambio, el logro de nuevas direcciones en la conducta, el incremento de la autoconsciencia y una más lúcida percepción de las circunstancias de uno mismo y de los demás. El énfasis en lo emocional y en la amplificación de sentimientos caracteriza a estos grupos.

Un tipo especial de grupo de encuentro es el denominado *grupo maratón,* en el que se trabaja de un modo intensivo e ininterrumpido durante un período que va de las 18 a las 36 horas. El objetivo es la experimentación intensa, la caída de las defensas y las descargas emocionales y catárticas. Utiliza técnicas de muy variado origen (gestalt, psicodrama, bioenergética) y supone una cierta selección previa de los participantes, en el sentido de que sean capaces de tolerar la exposición a experiencias intensas y concentradas.

## 2.6. El psicoanálisis estructuralista de J. Lacan

Lacan propugnó un «retorno a Freud», una relectura de sus textos desde las aportaciones lingüísticas y estructuralistas de Saussure y Levi-Strauss. Esta vuelta a Freud puede ser entendida como una recuperación plena del concepto de inconsciente, criticando fuertemente al vaciamiento que del concepto de inconsciente había hecho, según Lacan, la psicología del yo. En este sentido, sus críticas van dirigidas especialmente a los neofreudianos (Fromm, Horney y Sullivan), por considerar que proponen una simple adaptación a lo social, pero también a algunos freudianos como Jones, Klein o Abraham, aunque con críticas más matizadas.

Lacan considera el *estadio del espejo* (a partir del sexto mes el niño puede llegar a tener la vivencia del espejo que le dará conciencia de sí mismo, de unidad) como un período estructurante de la personalidad, considerando que sucede una identificación, es decir, una transformación producida en el sujeto al asumir la imagen.

La importancia que este autor concedió al *lenguaje* viene dada por su afirmación de que el *inconsciente está estructurado como un lenguaje*. A este respecto, la distinción entre significado y significante, que Lacan toma de Saussure, se convierte en una piedra angular de su propuesta: hay una diferencia fundamental entre significante y significado, ambos forman redes de relaciones que no se superponen y, en última instancia, la red de los significantes rige el conjunto de los significados: la lengua rige la palabra. Para Lacan, un psicoanalista debe poder introducirse con facilidad en estas diferencias y relaciones. Su propuesta de que el inconsciente no es sino «el hombre habitado por el significante» sintetiza de algún modo lo anterior. Así, utiliza elementos del lenguaje, como la metáfora o la metonimia (estas dos figuras lingüísticas corresponderían a la condensación y al desplazamiento freudianos), para dar cuenta de las manifestaciones del inconsciente: sueños, lapsus, actos fallidos («todo acto fallido es un discurso logrado»), síntomas. De hecho, la técnica analítica por excelencia, la interpretación, es interpretada a su vez en términos lingüísticos: «La interpretación es una significación [...] su efecto es hacer surgir un significante irreductible», pretendiendo que el paciente vea, más allá de la significación, «a qué significante-sin-sentido, irreductible y traumático está sometido como sujeto».

Un elemento esencial de su teoría es *el Otro,* entendido como el soporte de toda intersubjetividad dual que postula un tercero. Este Otro no es un interlocutor real, es una alteridad convencional, postulada como el otro polo de la relación del discurso. El Otro es el «lugar de la palabra», el «lugar del significante» y el «testigo de la verdad» mediante el cual el sujeto se constituye.

Es también un concepto importante en las propuestas lacanianas el *deseo,* al que el sujeto tiene difícil acceso: para poder articularse en el discurso tiene que adoptar la forma de «deseo del Otro», e incluso así puede representarse como «lo que no se quiere», lo que implica el *desconocimiento ignorado de sí mismo*. Es importante para Lacan la relación entre deseo inconsciente y deseo consciente: este último sería la representación enmascarada, tangencial o superficial del primero. La transcripción del deseo en el plano del lenguaje sería la *demanda*.

Así, *especularidad, Otro, significantes* y *deseo* y las conexiones e interrelaciones entre ellos son elementos importantes de la teorización lacaniana.

La neurosis se enraizaría en la pérdida paulatina de contacto del sujeto con su propia realidad en el discurso que acerca de ella —la realidad— va construyendo; la vivencia del significado va siendo mediatizada por la interrelación de los significantes hasta que finalmente la sustituyen. La cura psicoanalítica, desde un cierto punto de vista (pues obviamente hay otros en la complejidad de la obra lacaniana), procuraría comprometer al paciente en una progresiva desposesión de su ser sí mismo y acabaría por reconocer que este ser no habría sido nunca nada más que su obra imaginaria.

Lacan reivindica que el único medio que el analista posee no es otro que *la palabra del paciente*. En el olvido de este hecho ve Lacan la causa del falseamiento del psicoanálisis. La palabra del paciente es la palabra que el paciente dirige al otro y en eso radica su propia historia, historia que el análisis debe ayudar a asumir. Para Lacan, esto es equivalente a reencontrar la verdad («el inconsciente es ese capítulo de mi historia que está señalado por un blanco u ocupado por una mentira»). Esa verdad se encuentra escrita en el propio cuerpo (el síntoma histérico que muestra la estructura de un lenguaje), en los recuerdos de la infancia, en el vocabulario propio de cada uno, en el estilo de vida, en las leyendas que transmiten la propia historia y, por último, en las huellas que inevitablemente quedan en las distorsiones de la verdad.

En cuanto a la técnica terapéutica lacaniana, es destacable el uso del «corte interpretativo», es decir, cuando el discurso del paciente se cruza con un punto significativo (desde su propia terapia), el terapeuta corta la sesión, utilizando así su suspensión como forma de puntuar el discurso. Existe, pues, la posibilidad de sesiones breves, no ajustadas a un tiempo predeterminado como en el caso de los ortodoxos (quienes rechazaron activamente esta propuesta de Lacan). La sesión debe atender al «tiempo lógico» y no al «tiempo cronológico». El tiempo del proceso lógico abarca tres momentos: el instante de ver, el tiempo para comprender y el momento de concluir, este momento de concluir debe aprovecharse y no dejarlo pasar. De este modo, el tiempo lógico ha servido de argumento para la posibilidad de sesiones breves.

## BIBLIOGRAFÍA

Ackerman, N. W. (1961). *Diagnóstico y tratamiento de las relaciones familiares*. Buenos Aires: Hormé.
Ávila, A. y Poch, J. (comps.) (1994). *Manual de técnicas de psicoterapia. Un enfoque psicoanalítico*. Madrid: Siglo XXI.
Ávila, A., Rojí, B. y Saúl, L. A. (2004). *Introducción a los tratamientos psicodinámicos* (caps. 5-15). Madrid: UNED.
Ballint, M., Ornstein, P. y Balint, E. (1986). *La psicoterapia focal*. Buenos Aires: Gedisa (orig. 1986).
Bellack, L. y Siegel, H. (1986). *Manual de psicoterapia breve, intensiva y de urgencia*. México: Manual Moderno.
Bowlby, J. (1986). *Vínculos afectivos: formación, desarrollo y pérdida*. Madrid: Morata.
Cencillo, L. (1971). *El inconsciente*. Madrid: Marova.
Coderch, J. (2006). *Pluralidad y diálogo en psicoanálisis*. Barcelona: Herder.
Erikson, E. (1983). *Infancia y sociedad*. Buenos Aires: Paidós Hormé (orig. 1953).
Fages, J. B. (1973). *Para comprender a Lacan*. Buenos Aires: Amorrortu.
Fairbairn, W. (1962). *Estudio psicoanalítico de la personalidad*. Buenos Aires: Hormé (orig. 1952).
Feixas, G. y Miró, M. T. (1993). *Aproximaciones a la psicoterapia*. Barcelona: Paidós.
Freud, A. (1965). *El yo y los mecanismos de defensa*. Buenos Aires: Hormé (orig. 1937).
Fromm, E. (1999). *El miedo a la libertad*. Madrid: Paidós (orig. 1941).
Fromm, E. (1956). *Psicoanálisis de la sociedad contemporánea*. México: Fondo de Cultura Económica (orig. 1955).
Heine, R. (1974). *Técnicas psicoterapéuticas contemporáneas*. Buenos Aires: Paidós.
Horney, K. (1971). *La personalidad neurótica de nuestro tiempo*. Buenos Aires: Paidós (orig. 1937).
Klein, M. (1965). *Psicoanálisis del niño*. Buenos Aires: Hormé (orig. 1932).
Lacan, J. (1978). *El seminario XI. Los cuatro conceptos fundamentales del psicoanálisis*. Barcelona: Argonauta.
Laplanche, J. y Pontalis, J. B. (1971). *Diccionario de psicoanálisis*. Barcelona: Labor.
Linn, S. y Garske, J. (1988). *Psicoterapias contemporáneas*. Bilbao: Desclée de Brouwer.
Malan, D. (1976). *The frontier of brief psychotherapy*. Nueva York: Plenum.
Miller, G. (comp.) (1988). *Presentación de Lacan*. Buenos Aires: Manantial.
Pinkus, L. (1984). *Teoría de la psicoterapia analítica breve*. Barcelona: Gedisa (orig. 1974).

Rycroft, C. (1976). *Diccionario de psicoanálisis*. Buenos Aires: Paidós.
Segal, H. (1984). *Introducción a la obra de Melanie Klein*. Barcelona: Paidós.
Sullivan, H. S. (1985). *La entrevista psiquiátrica*. Buenos Aires: Psique (orig. 1954).
Winnicott, D. W. (1972). *Realidad y juego*. Barcelona: Gedisa.

# Terapia de conducta 3

## 1. CARACTERÍSTICAS GENERALES

La terapia de conducta, también conocida como modificación de conducta, nace como consecuencia de la insatisfacción que generó en determinados ambientes investigadores tanto la teoría como la práctica psicoanalítica, e, igualmente, como consecuencia del desarrollo de la psicología del aprendizaje, la cual dio a luz una serie de teorías de la conducta que se constituyeron como alternativa al modelo psiocoanalítico.

El punto de partida de la terapia de conducta es la consideración de que la mayor parte de la conducta —incluyendo la conducta inadaptada— es aprendida y, por tanto, los principios derivados de las teorías del aprendizaje son aplicables a los tratamientos.

A pesar de este punto de partida común, la terapia de conducta no se presenta como un todo integrado, debido, principalmente, a la ausencia de una teoría unificada del aprendizaje. Sin embargo, aun sin esta teoría unificada, sí se pueden señalar tres paradigmas del aprendizaje en torno a los cuales se han desarrollado la mayoría de las intervenciones de este modelo:

1. *El condicionamiento clásico:* Cuando a un estímulo incondicionado (p. ej., la comida) que provoca una respuesta incondicionada (la salivación) se le asocia repetidamente a un estímulo previamente neutro (p. ej., el sonido de una campana), éste, convertido en estímulo condicionado, logrará producir por sí mismo una respuesta condicionada (la salivación) similar a la respuesta incondicionada.
2. *El condicionamiento operante:* Cuando una respuesta (p. ej., picotear una palanca) es reforzada (p. ej., con comida) en pre-

sencia de un estímulo discriminativo (p. ej., una luz), la presencia de este estímulo aumentará la probabilidad de aparición de esa respuesta.
3. *El modelado:* Un observador puede incorporar a su repertorio una conducta compleja por la observación de cómo ejecuta esa conducta un modelo (p. ej., un niño aprende a manipular un juguete viendo cómo lo hace un adulto).

Los puntos comunes a las terapias de conducta son los siguientes:

1. El interés se centra fundamentalmente en la conducta por la que la persona ha acudido a terapia. A la conducta no se le supone una simple señal de un proceso psicodinámico intrapsíquico.
2. La consideración de que hay una continuidad entre la conducta normal y la anormal: ambas se mantienen y modifican por los mismos principios. La conducta desadaptativa puede desaprenderse y sustituirse por otra conducta que sea adaptativa.
3. Se pretende aplicar a la práctica clínica los datos de la psicología experimental, y desarrollar técnicas terapéuticas a partir de teorías concretas.
4. La terapia de conducta hace un especial hincapié en mantenerse dentro de la tradición experimental en la evaluación de la conducta y en la evaluación del tratamiento.

Tanto en lo referente a sus bases teóricas como a sus aplicaciones prácticas, la terapia de conducta cuenta con unas aportaciones y unos autores de una categoría tal que cualquier intento de ignorarla o minimizarla no habla sino de la ignorancia de quien lo intenta. Una breve lista de aportaciones y autores pudiera ser la siguiente: el condicionamiento y la reflexología de Pavlov y Bechterev, el conductismo de Watson, la psicología del aprendizaje de Thomdike, Tolman o Hull, el condicionamiento operante de Skinner, el modelado de Bandura y las aplicaciones de Wolpe o Eysenck.

Antes de pasar a presentar las características específicas de la terapia de conducta, vamos a comentar el modo en que Skinner, quizá el más brillante e influyente de cuantos autores hemos citado en el párrafo anterior, se refiere a la psicoterapia (entendida ésta como terapias psicoanalíticas y afines y, por tanto, no incluyendo la terapia de conducta). El interés de este comentario estriba no sólo en que toca de lleno el campo que nos ocupa, sino también en que muestra un modo de defender la propia posición que incluye tanto la firmeza y la convicción como el respeto a la inteligencia del contrario. Este modo de defender la propia posición no siempre se encuentra en los epígonos y turiferarios que proliferan en torno a las grandes ideas.

Para empezar, Skinner parte de la consideración de que la psicoterapia es una importante fuente de control en la vida de un buen número de personas —la conducta que es inconveniente o peligrosa para uno mismo o para los demás es frecuentemente tratada por este método— y por ello se convierte en necesario dar una explicación de dicho fenómeno. El terapeuta es un agente de control con poder. Inicialmente, su poder proviene del hecho de que la situación del paciente es aversiva y, por ello, la posibilidad de mejora es positivamente reforzante (esta posibilidad viene definida por factores tales como la promesa de ayuda, el prestigio del terapeuta, el que otros pacientes se hayan beneficiado o las propias mejoras del paciente). Skinner precisa que, aun con esto, el poder inicial del terapeuta no es muy grande y que, dado que el efecto perseguido requiere tiempo, debe aplicar el poder del que dispone a asegurar que dispondrá de ese tiempo: en la medida en que el tratamiento progrese, su poder aumentará y, si la mejora va teniendo lugar, la conducta del paciente de regresar al tratamiento quedará reforzada.

Aspectos tales como la aprobación del terapeuta, la demostración de que determinadas conductas producen ciertas consecuencias y que, por tanto, éstas provienen de la conducta del paciente aumentarán el poder del terapeuta. A partir de la adquisición de un cierto grado de control, el terapeuta puede sugerir programas o hábitos que redunden, por ejemplo, en la eliminación de situaciones estimulantes que tienen consecuencias nocivas.

Refiriéndose específicamente a la técnica psicoterapéutica de Freud, Skinner considera que su efectividad radica en lo siguiente: *el terapeuta es una audiencia que no castiga.* Para el paciente, el terapeuta comienza siendo un miembro más de una sociedad que ha ejercido sobre él un control excesivo. El terapeuta elude deliberadamente seguir en esa posición: evita cuidadosamente el uso del castigo, no critica, no señala errores, no agrede cuando a su vez es criticado por el paciente. Además, no sólo no castiga, sino que emite respuestas incompatibles con el castigo: por ejemplo, demostración de amistad frente a la agresión o no dar importancia a la conducta supuestamente reprobable. Como consecuencia de la ausencia de castigo por parte del terapeuta, la conducta que anteriormente se había reprimido comienza a aparecer. Estas conductas pueden comenzar a aparecer en un nivel interno (por ejemplo, en la imaginación), para pasar más tarde a hacerse manifiestas. Si el terapeuta se mantiene en su posición no punitiva, el proceso de disminución del efecto del castigo se acelerará. Así, siguiendo la explicación que Skinner da de la terapia freudiana, el resultado más importante de esta terapia es la extinción de los efectos del castigo tras la aparición de la conducta previamente castigada en presencia de una audiencia no punitiva. Digamos aquí que desde el punto de vista estrictamente psicoanalítico la no punición no sólo no es una explicación extraña sino que las reglas de neutralidad y de abstinencia, esenciales en la técnica psicoanalítica, la requieren explícitamente, y añadamos que además de la no punición, la postura del analista es también la de (manteniendo un lenguaje skinneriano) no premio.

Pasando ya, específicamente, a la terapia de conducta, digamos que ésta comienza por un modo concreto de plantearse el *diagnóstico* que está basado en dos elementos característicos:

1. *Identificación de la conducta objetivo:* definir aquello por lo que la persona acude a terapia en términos de lo que dicha persona hace o no hace, es decir, reformular el problema en términos conductuales.
2. *Identificación de las condiciones bajo las que sucede la conducta:* en términos estrictos se tratará de determinar tanto bajo qué condiciones se da como bajo qué condiciones no se da la conducta objetivo. Igualmente, se pueden determinar los acontecimientos que anteceden a dicha conducta y los que la siguen.

Una vez especificada la conducta a tratar y aislados los acontecimientos ambientales que la controlan, se seleccionan las técnicas concretas que se van a emplear para modificar dicha conducta. Mantenerse en el terreno concreto de las conductas, sin la suposición de que son síntoma de un conflicto interior, es lo propio de la terapia de conducta. El aserto de Eysenck «deshazte del síntoma y habrás eliminado la neurosis» puede resumir la filosofía de la terapia de conducta.

## 2. PRINCIPALES TÉCNICAS

Una de las características esenciales de la terapia de conducta es el énfasis que pone en la técnica. La relación terapéutica, sin ser despreciada, no es considerada tan determinante y central como en otros modelos terapéuticos. El terapeuta tiende a ser visto más como un instructor o un reforzador social.

Es precisamente ese énfasis en las técnicas lo que ha determinado la existencia de una gran cantidad de técnicas diferenciadas. Esto, junto a la procedencia de distintos modelos de la conducta, hace que sea difícil hablar de un tratamiento conductual tipo, por lo que vamos a presentar las técnicas concretas más utilizadas en la terapia de conducta.

### 2.1. Desensibilización sistemática: Wolpe

La desensibilización sistemática es una de las técnicas más ampliamente utilizadas por los terapeutas de modificación de conducta. Debe su desarrollo original a Wolpe y está basada en el principio de la *inhibición recíproca*. Este principio establece lo siguiente: aunque la ansiedad puede ser evocada por la presencia de ciertos estímulos o situaciones, esta respuesta no es inevitable puesto que, en esas mismas circunstancias, se puede elicitar una conducta incompatible con la ansiedad; si se puede provocar que esas conductas ocurran cuando estén presentes las situaciones de ansiedad, ésta se debilitará.

En el modo más habitual de su utilización, la desensibilización sistemática viene definida por tres elementos:

*a)* Entrenamiento en relajación. La relajación está ampliamente extendida en la terapia de conducta, como fin en sí misma o como parte de tratamientos más amplios. Las técnicas de relajación se ven en un próximo apartado.
*b)* Elaboración de una *jerarquía de situaciones ansiógenas.*
*c)* *Emparejamiento* de los elementos de esta jerarquía con el estado de relajación.

Se espera que al emparejar los elementos de la jerarquía ansiógena con el estado de relajación (es decir, dos respuestas antagónicas) se inhibirá la ansiedad. Habitualmente, la exposición a los diferentes elementos de la jerarquía se realiza por medios imaginarios, pero a veces se diseña la situación terapéutica de tal modo que el paciente debe aprender a relajarse en vivo, en presencia del estímulo ansiógeno real. Este segundo caso, la exposición en vivo, tiende a ser más efectivo que la exposición imaginaria. También en ocasiones se han empleado respuestas diferentes a la relajación como inhibidores de la ansiedad.

## 2.2. Entrenamiento asertivo

La finalidad del entrenamiento asertivo es el tratamiento de la ansiedad ante situaciones interpersonales. La suposición en que está basada esta técnica es la de que algunas personas tienen exagerado el autocontrol y la restricción hasta un grado que resulta inadaptativo. Esto es así porque habitualmente la ansiedad ha quedado asociada a la expresión de las respuestas asertivas apropiadas.

Al igual que ocurría en el caso de la desensibilización sistemática, se considera que la asertividad y la ansiedad son respuestas incompatibles. En este caso, el tratamiento comienza por hacer ver al paciente la necesidad y las ventajas de comportarse asertivamente, es decir, hacerle ver que, por ejemplo, la expresión de los propios sentimientos puede inhibir la timidez y la ansiedad que padece. Wolpe recomendaba el uso de una fuerte sugestión con el fin de aumentar la motivación del paciente para que deje su modelo de conducta anterior e incorpore los patrones de comportamiento propuestos por el terapeuta.

Junto con lo anterior, esta técnica está caracterizada también por la elaboración, al estilo de las jerarquías de ansiedad, de una escala de situaciones en las que la persona necesita incrementar su asertividad y por los ensayos conductuales sobre dichas situaciones (el *role-playing* es una parte importante del entrenamiento asertivo). Obviamente, esta técnica, en su parte final, implica la aplicación y generalización de las conductas entrenadas en la terapia al contexto social del paciente.

## 2.3. Técnicas de relajación: Schultz, Jacobson

Las técnicas de relajación forman parte importante, como ya se ha señalado, de otros procedimientos terapéuticos. De un modo general, su interés estriba en que los estados alcanzados por medio de la relajación son incompatibles con la ansiedad y sus estados asociados.

Aunque hay múltiples técnicas de relajación, las más conocidas y que han dado lugar a gran número de variaciones son el *entrenamiento autógeno* de Schultz y la *relajación progresiva* de Jacobson.

El entrenamiento autógeno nació a partir de la utilización que de la hipnosis hacía Schultz. Su experiencia en este campo le llevó a proponer que los estados de relajación profunda se podían conseguir induciendo en las personas las sensaciones de calor y pesadez observadas en el estado de hipnosis. Así, la distensión muscular y la dilatación vascular, responsables respectivamente de las sensaciones de pesadez y calor, son la vía a la relajación.

El primer paso del método de Schultz es enseñar al sujeto la autoinducción de las sensaciones de peso y calor por medio de ejercicios en los que la persona se va concentrando con la imaginación en diferentes partes del propio cuerpo, hasta su generalización cuando se domina el proceso. Este período del entrenamiento dura tres o cuatro meses de práctica diaria. El resultado es que los sujetos pueden alcanzar voluntariamente estos estados sin necesitar la intervención del terapeuta. Schultz propuso también un segundo ciclo de entrenamiento focalizado en técnicas de interiorización y de búsqueda, en sus palabras, de dimensiones profundas del ser humano.

La relajación progresiva es el otro gran método de relajación, y fue desarrollado por Edmund Jacobson. Parte de la propuesta de que los procesos psíquicos van acompañados de correlatos neuromusculares que pueden ser medidos. De este modo sugiere que una persona completamente relajada no manifestará perturbación nerviosa, mientras que una persona tensa será más susceptible al sobresalto. Su método pretende, por tanto, la reducción voluntaria de la actividad muscular. Para ello se procede del siguiente modo: el paciente se coloca tumbado en un ambiente lo menos perturbador posible (penumbra, ausencia de ruido) y contrae el brazo para que note con claridad la sensación de contracción muscular; una vez alcanzada la tensión, lo relaja. La percepción de las sensaciones de contracción y relajación es fundamental en el método de la relajación progresiva. Este proceso de alternancia entre la contracción y la relajación se va extendiendo progresiva y estructuradamente a todo el cuerpo: piernas, abdomen, hombros, cuello, frente y cara hasta alcanzar la relajación total. El entrenamiento en este modelo de relajación alterna sesiones dirigidas por el terapeuta con ejercicios que el paciente debe realizar por su cuenta.

## 2.4. Inundación e implosión: Stampfl

La inundación es una técnica que se aplica cuando es necesario eliminar o modificar una respuesta de evitación, como las que se dan en los miedos a situaciones sociales, a exámenes, a animales, en la agorafobia, las compulsiones, las obsesiones y en la ansiedad generalizada.

Básicamente consiste en someter al paciente a estímulos ansiógenos de gran intensidad, durante un largo período de tiempo (desde 40 minutos a más de dos horas) con el fin de provocar un máximo de tensión. Como se ve, es un procedimiento diferente al de la desensibilización sistemática, en el que se sometía al paciente gradualmente y de forma jerarquizada a los estímulos ansiógenos. La idea subyacente al empleo de esta técnica es que la exposición continuada de una persona a estímulos ansiógenos en su máxima intensidad hará que esos estímulos pierdan su capacidad de elicitar miedo o ansiedad en esa persona.

Una interesante variación de la técnica de la inundación es la implosión, técnica desarrollada por Stampfl. Su interés le viene dado por ser una tentativa de integrar la terapia de conducta con las teorías psicoanalíticas. Stampfl entiende el miedo del paciente como la expresión simbólica de lo reprimido. Así, pide al paciente que, además de imaginar situaciones directamente relacionadas con su miedo actual, imagine escenas de contenido relacionado con temas psicodinámicos. Estas escenas son creadas por el terapeuta y se presentan exagerando los estímulos ansiógenos y los conflictos representados para provocar el mayor grado de tensión posible.

### 2.5. Condicionamiento encubierto: J. Cautela

El término condicionamiento encubierto agrupa una serie de técnicas debidas a J. Cautela. Estas técnicas parten de la suposición básica de que la conducta puede ser modificada imaginando la realización de una conducta específica y las diferentes consecuencias que se deriven de ella. Así, se supone que las conductas que el paciente ha modificado en su imaginación se generalizarán a su conducta manifiesta.

Estas técnicas tienen en común con la desensibilización sistemática el uso de la imaginación. Sin embargo, mientras que la desensibilización está diseñada para suprimir respuestas de evitación (p. ej., una agorafobia), las técnicas de condicionamiento encubierto también pueden ser empleadas para suprimir respuestas de acercamiento desadaptativo (p. ej., la drogadicción).

Manteniendo el esquema básico de esta técnica, y según el problema específico que el paciente plantee, se pide a éste que imagine una conducta que vaya seguida de consecuencias aversivas o positivas, o bien que elimine un acontecimiento aversivo, o bien que imagine a otras personas realizando conductas que él querría emular.

### 2.6. Terapia aversiva

Esta terapia consiste en el empleo de un estímulo aversivo o punitivo como medio para modificar la conducta. Principalmente tiene dos formas: la primera es el emparejamiento del suceso aversivo (p. ej., una descarga eléctrica) con la conducta que se trata de modificar (p. ej., consumo de drogas); la segunda consiste en hacer depender la presentación o eliminación del suceso aversivo de la aparición o no de la conducta a modificar.

Por este método se han tratado problemas como el alcoholismo, las drogas, los trastornos alimentarios o la homosexualidad. La consideración en el mismo nivel patológico de, por ejemplo, un trastorno alimentario y la homosexualidad lleva a plantearse la cuestión de la pretendida neutralidad de la ciencia. El impacto patológico de la homosexualidad en la persona deriva, si es que se da, de la anatematización social de dicho comportamiento sexual, vivida tanto como presión exterior como interiorizada; por lo tanto, una técnica que trate la homosexualidad ignorando este hecho se puede presentar a sí misma como objetiva y neutral pero, de hecho actúa en colusión con consideraciones cuando menos cuestionables. Obviamente, no es sólo la terapia de conducta la que puede caer en esto: ninguna escuela ha demostrado, desgraciadamente, estar libre de caer en un discurso poco sincero acerca de una muy discutible neutralidad.

## 2.7. Modelado: Bandura

El modelado es un aprendizaje por imitación desarrollado como técnica terapéutica por Albert Bandura. Está basado en la idea de que el paciente incorporará las conductas deseadas por medio de la observación de un modelo, sin que sea preciso que las realice él mismo.

Esta terapia se aplica a una amplia gama de miedos, obsesiones, dificultades para el contacto social o para la falta de asertividad.

El paciente observa durante su terapia cómo se comporta un modelo en una situación dada; el modelo puede ser observado en vivo o mediante filmaciones. Influyen en la eficacia de esta terapia factores tales como la semejanza entre el modelo y el paciente, el prestigio del modelo, las características del observador y las consecuencias que se derivan de la conducta imitada.

Una variante del modelado es el *modelado participante,* en el que después de la observación del modelo, el paciente realiza, a través de acercamientos sucesivos, la conducta observada dirigido por el terapeuta. Esta variante parece ser más eficaz que el modelo tradicional.

## 2.8. Biofeedback

Históricamente, el biofeedback (biorretroalimentación) surgió como consecuencia de la investigación sobre el condicionamiento de procesos fisiológicos. Estas investigaciones probaron que los individuos podían aprender a controlar algunas de sus funciones fisiológicas, de tal modo que el biofeedback devino en una técnica terapéutica orientada al tratamiento del mal funcionamiento fisiológico.

El biofeedback es una técnica que para su utilización precisa de unos aparatos sofisticados capaces de captar y registrar distintas respuestas fisiológicas. Los aparatos de biofeedback que se han desarrollado más han sido los que registran la actividad electroencefalográfica, aunque el trabajo sobre las respuestas cardiovasculares ha sido más frecuente.

Básicamente el biofeedback consiste en proporcionar al paciente información sobre un determinado aspecto de los procesos fisiológicos que están teniendo lugar en un momento dado en su organismo. Se espera que al obtener la información inmediatamente y poder seguir de forma continua los cambios que van teniendo lugar, el paciente pueda controlar en alguna medida esos cambios. Para lograr este control se conecta al paciente un aparato que, además de registrar de modo continuo la respuesta de que se trate, le informa de la respuesta registrada de forma visual o auditiva (por medio de contadores o tonos). En ocasiones, este procedimiento se acompaña de refuerzos de distinto tipo contingentes a la obtención de las respuestas que se pretenden. Las sesiones duran hasta que se obtiene el cambio deseado.

Las técnicas de biofeedback se han aplicado, entre otros, a problemas de hipertensión, alteraciones cardíacas, impotencia, migrañas y pensamientos obsesivos.

## BIBLIOGRAFÍA

Ardila, R. (1980). *Terapia del comportamiento: Fundamentos, técnicas y aplicaciones*. Bilbao: Desclée de Brouwer.
Bandura, A. (1983). *Teoría del aprendizaje social*. Madrid: Espasa-Calpe.
Beech, H. R. (1974). *Terapia de conducta*. Madrid: Taller ediciones JB.
Eysenck, H. J. (ed.) (1979). *Experimentos en terapia de conducta*. Madrid: Fundamentos.
Haynes, S. N. y O'Brien, W. H. (eds.) (2000). *Principles and practice of behavioral assessment*. Nueva York: Kluwer Academic Publishers.
Kazdin, A. E. (1983). *Historia de la modificación de conducta*. Bilbao: Desclée de Brouwer.
O'Donohue, W. y Krasner, L. (1995). *Theories of behavior therapy. Exploring behavior change*. Washington: American Psychological Association.
Pavlov, I. P. (1964). *Los reflejos condicionados*. Buenos Aires: Petra Lillo.
Prieto, J. L. (1989). *La utopía skinneriana*. Madrid: Mondadori.
Ruiz, M., Díaz, M. y Villalobos, A. (2012). *Manual de técnicas de intervención cognitivo-conductuales*. Madrid: UNED.
Skinner, B. F. (1972). *Más allá de la libertad y la dignidad*. Barcelona: Fontanella (orig. 1971).
Skinner, B. F. (1974). *Ciencia y conducta humana*. Barcelona: Fontanella (orig. 1953).
Vallejo, M. A. (1988). *Modificación de conducta: Teoría, metodología y aplicación*. Madrid: UNED.
Watson, J. B. (1961). *El conductismo*. Buenos Aires: Paidós.
Wolpe, J. (1975). *Psicoterapia por inhibición recíproca*. Bilbao: Desclée de Brouwer (orig. 1958).

# Psicoterapias humanistas y existenciales 4

## 1. CARACTERÍSTICAS GENERALES

Bajo el epígrafe de psicoterapias humanístico-existenciales se han agrupado los enfoques que nacieron como alternativa al psicoanálisis, por un lado, y a las corrientes conductistas por otro. De aquí que al movimiento humanístico-existencial se le haya denominado «la tercera fuerza» de la psicología.

Se considera dentro de este enfoque a las propuestas que surgen de la tradición fenomenológico-existencial europea y las que provienen del movimiento norteamericano de la psicología humanista. Tanto la diversidad de enfoques como la aglutinación de diferentes influencias hacen que haya que hablar más de un movimiento que de una escuela formalmente constituida.

Algunos de los autores más representativos dentro del movimiento humanístico-existencial son: Bingswanger, May, Rogers, Maslow, Laing, Perls, Berne, Lowen y Moreno.

A pesar de carecer de una unidad de escuela, se pueden señalar algunas características comunes a los enfoques agrupados en este movimiento, las cuales tienen que ver con una cierta concepción psicológica del ser humano:

— El ser humano es *superior a la suma de sus partes*. Debe ser concebido globalmente: sentimiento, pensamiento y acción forman un todo integrado.
— La conducta humana es *intencional*. La búsqueda de sentido y las motivaciones axiológicas (libertad, dignidad), y no sólo las materiales, son aspectos fundamentales del ser humano.
— La existencia humana se realiza en un *contexto interpersonal*.

— El hombre es *autónomo*, es decir, tiene la capacidad y la responsabilidad de tomar decisiones que dirijan su propio desarrollo. Este principio es complementario con el anterior: sólo un individuo autónomo puede asumir su responsabilidad interpersonal.
— El hombre tiende a la *autorrealización*. Ésta es la tendencia inherente del organismo hacia el crecimiento y la diferenciación.
— El ser humano está presente a sí mismo en términos de una *experiencia interior*. Esta vivencia inmediata y el significado que le da la persona son elementos fundamentales en la comprensión del ser humano.

## 2. PRINCIPALES ENFOQUES

### 2.1. Análisis existencial: Bingswanger, May, Laing

Este enfoque nace y se desarrolla con una fortísima presencia de la filosofía en sus concepciones básicas: la fenomenología de Husserl, las descripciones y observaciones de Kierkegaard y, sobre todo, el desarrollo de los temas existenciales por Martín Heidegger y Jean-Paul Sartre.

Estos filósofos influyeron en la psicoterapia a través, por ejemplo, de ideas tales como el concepto de *consciencia* de Husserl, entendida como consciencia de algo, esencialmente intencional. Sostiene Husserl que no hay cosa alguna, no hay mundo que no sea *para* una consciencia, ni existe una consciencia que no consista en *contemplar* o *aprehender* el mundo. Igualmente influyente en la psicoterapia existencial fue la idea de Sartre de que el hombre no puede esperar encontrar sentido en el mundo exterior, sino sólo en sus propios actos dirigidos. En general, estos filósofos influyen en las terapias existenciales a través de la idea de que la comprensión del hombre se alcanza mejor por medio del estudio de las experiencias subjetivas de las personas que de las fuerzas objetivas de la naturaleza.

Uno de los creadores de este enfoque, Ludwig Bingswanger, criticó a Freud por su énfasis en lo biológico y en lo mecanicista y propuso que el punto de partida para comprender la personalidad es la tendencia humana a percibir *significados* en los sucesos y, por ello, ser capaz de trascender las situaciones concretas. Bingswanger utiliza el concepto de Heidegger de ser-en-el-mundo (Dasein) para centrar su modo de concebir la acción terapéutica. Ésta estaría basada en los siguientes puntos:

- Los trastornos psicopatológicos representan una alteración del ser-en-el-mundo.
- El ser-en-el-mundo tiene estructura y por lo tanto puede ser estudiado, descrito y rectificado.
- La psicoterapia pretende entender el proyecto existencial de la persona.
- La psicoterapia procura ayudar a asumir la propia experiencia en toda su plenitud, descubriendo las formas y áreas de alienación, para recobrar la autoposesión y la autodeterminación.

Dentro de esta concepción existencial el estadounidense Rollo May introdujo en el contexto de la terapia las experiencias existenciales de la ansiedad, el amor y el poder. May propone seis características diferenciadoras de la terapia existencial:

1.ª El objetivo de la terapia existencial es el de aumentar la conciencia del cliente respecto de su propia existencia y, así, ayudar a que experimente su existencia como real.
2.ª La técnica debe estar subordinada al conocer, y seguir, más que preceder, al conocimiento. La técnica, por lo tanto, debe ser flexible y ajustarse a las necesidades de cada cliente.
3.ª El terapeuta y el cliente son dos personas en una auténtica relación. El terapeuta no interpreta los hechos sino que los pone de manifiesto en su relación con el cliente.
4.ª Los dinamismos psicológicos no son primariamente considerados comunes a la especie humana, sino que se pone el énfasis en considerar que la significación particular de las dinámicas del cliente derivan de su contexto de vida. El terapeuta no siempre sabe qué es lo que motiva al cliente, y su actitud, más que aplicar una teoría, consiste en escucharle con atención y respeto.
5.ª El terapeuta procura analizar todas las formas de comportamiento, tanto de él mismo como del cliente, que impiden el encuentro real entre ambos.
6.ª La terapia existencial se caracteriza por la importancia que da al compromiso. Estar comprometido es el verdadero modo de estar vivo.

Adscrito a este enfoque existencial, aunque manteniendo siempre una relación de acercamiento-alejamiento con el psicoanálisis, y al mismo tiempo influido por las investigaciones sobre comunicación del grupo de Palo Alto, tiene un lugar relevante Ronald Laing.

El interés por el pensamiento de Sartre le lleva, en colaboración con David Cooper, a tratar de aplicar las ideas del filósofo a la comprensión de la enfermedad mental y, particularmente, de la esquizofrenia. Dos ideas básicas parecen guiar su pensamiento en esta tarea:

— La locura, aparentemente sin sentido, tiene un sentido, puede ser comprendida.
— La enfermedad mental es la salida del organismo para sobrevivir a una situación intolerable.

Laing coloca el énfasis en comprender a la persona que padece esquizofrenia en cuanto ser humano por oposición a la postura de ver en su comportamiento «señales» de su esquizofrenia. Ya desde el principio se coloca en una postura incómoda para su profesión: «propongo que la cordura o la psicosis se prueban conforme el grado de conjunción o de disyunción entre dos personas, cuando una de ellas es cuerda por consenso universal». En su intento de comprensión de la persona que padece esquizofrenia, Laing utiliza el concepto de *seguridad-inseguridad ontológica básica,* proponiendo que estas personas están en el polo de la inseguridad: pueden sentirse más irreales que reales, más muertas que vivas, con una débil diferenciación del resto del mundo, de tal modo que su identidad y su autonomía están siempre cuestionadas, pueden sentir que no hay nada bueno, genuino o valioso en ellas y que su yo está parcialmente separado de su cuerpo. Así, señala Laing, estas personas no parecen tener un sentido de unidad básica que persista a través de los más fuertes conflictos con uno mismo y se experimentan a sí mismas como si estuvieran divididas en un cuerpo y una mente, haciendo, por lo general, una más estrecha identificación con la mente.

Laing propone comprender los síntomas esquizofrénicos en relación a las *incongruencias del sistema familiar*. El estudio de la familia, que en buena parte lleva a cabo junto a Aaron Esterson, lo hace a través de la descripción fenomenológica de lo que dicen sentir, hacer y pensar los miembros de la familia, subrayando sus incongruencias y desvelando las *reglas* y *metarreglas* que rigen la interacción familiar.

Es muy interesante, en el terreno de la interacción, su aplicación del concepto de *mistificación* (explicaciones de la realidad plausibles pero falsas) y de *colusión* (alianzas no reconocidas).

Laing fue muy crítico con la práctica psiquiátrica y cuestionó muy agudamente el rol del terapeuta y la incidencia de la ideología en la profesión. Expresamente partía de la idea de Frieda Fromm-Reichmann de que la dificultad en lograr una relación viable entre el médico y el paciente esquizofrénico no se debe a la patología del paciente sino a los problemas de personalidad del médico. Señaló también el hecho de que una parte del desencuentro entre médicos y pacientes se debía a las teorías en que aquéllos se forman: teorías que se presentan como objetivas a costa de despersonalizar a las personas de las que se ocupan sólo pueden producir un falso conocimiento. Se le considera el principal representante del movimiento de la *antipsiquiatría* (denominación que, sin embargo, él rechazaba). Patrocinó unas comunidades terapéuticas al margen de las prácticas hospitalarias habituales (Kinsley Hall fue la más conocida) en donde quedarían abolidos los roles de enfermo y médico en el sentido tradicional y donde se trataría, en sus palabras, de no invalidar a las personas.

Más recientemente, los teóricos de la terapia existencial (Kobasa, Maddi) han intentado desarrollar con rigor una teoría de la personalidad que ayudase tanto a la terapia como a la investigación. A partir de la consideración de que el auténtico sentido del significado es el que las personas construyen por sí mismas, proponen que el modo por el que las personas construyen ese significado es el proceso de toma de decisiones. Los dos modos básicos de toma de decisiones son la *elección del futuro* o la *elección del pasado*. En cuanto a las posibilidades de desarrollo, es elección del futuro la que es considerada más adecuada, dado que facilita el crecimiento o la realización de la posibilidad (la vida humana se entiende en este contexto como posibilidad de desarrollo). La elección del pasado, en cambio, ahoga el crecimiento al limitar la posibilidad a aquello que ya es experiencialmente conocido.

En cuanto al análisis de las diferencias individuales, el terapeuta existencial utiliza un continuo que va desde el *ser auténtico* (verse capaz de influir en la propia vida a través de las decisiones y elegir el futuro en pensamiento y acción) hasta el *conformismo* (considerarse indefenso ante las fuerzas externas con una orientación pasiva, eligiendo el pasado cuando deciden algo, decisiones que, de todos modos, tratarán de evitar). Derivado de lo anterior, la psicopatología existencial se interesa por los estados que incluyen la falta de significado. Uno de los pioneros de la terapia existencial, Medard Boss, ya describió diferentes contenidos y niveles de eficacia en las construcciones sobre el sí mismo y el mundo. Recientemente, Maddi ha propuesto tres estados a los que categoriza como *enfermedades existenciales*. Estos tres estados son el *vegetativo,* el *nihilista* y el *aventurero:*

— Estado vegetativo: Es la forma más severa de enfermedad existencial. Hay una incapacidad crónica para creer en la utilidad o relevancia de lo que se hace o se piensa. El aburrimiento y la apatía son características de este estado. No hay ninguna dirección en la acción.
— Estado nihilista: Existe algo de significado, pero es un significado de oponerse a los significados; los desacredita activamente. Los sentimientos básicos son el disgusto y el enfado y sus acciones características son las derivadas de la competitividad.
— Estado aventurero: Hay un cierto sentido positivo de los significados. Este significado sólo lo pueden experimentar en las acciones extremas o peligrosas. Emocionalmente, pasan de la depresión a la euforia y en sus acciones parecen más importantes las actividades en sí que las metas a que se orientan.

## 2.2. La psicología del ser: Abraham Maslow

Maslow es considerado el iniciador del movimiento de la psicología humanista, así como, posteriormente, de la *psicología transpersonal.* La originalidad de sus planteamientos la podemos encontrar ya en su punto de partida: mientras que, por ejemplo, el psicoanálisis extrae sus observaciones del individuo patológico, Maslow se centra en las personas *humanamente excepcionales*. Así, se va conformando una visión positiva de la humanidad que muestra lo que el hombre *puede llegar a ser.* El modo en que se actualiza ese llegar a ser, tanto como el modo en que se puede frustrar y sus consecuencias, centraron el interés de Maslow.

A partir de lo anterior se entiende que el concepto central en la psicología de Maslow sea el de *autorrealización,* entendida como culminación de la tendencia al crecimiento que Maslow define como la obtención de la satisfacción de necesidades progresivamente superiores y, junto a esto, la satisfacción de la necesidad de estructurar el mundo a partir de sus propios análisis y valores.

En relación al tema de la satisfacción de necesidades, Maslow establece su *jerarquía de necesidades* —quizá la más conocida de sus aportaciones—, en la que junto a necesidades de *déficit* (carencia de oxígeno, agua, etc.) situó otras necesidades de desarrollo o *metanecesidades*. Jerarquiza estas necesidades afirmando que una vez que se van satisfaciendo las inferiores en la jerarquía aparecen las superiores. Así, una vez que se van satisfaciendo las necesidades fisiológicas, de seguridad, de pertenencia, de estima, el hombre se abre a las necesidades de desarrollo o de autorrealización como necesidades del ser humano como las primeras.

El proceso que lleva a la autorrealización culmina en lo que Maslow llama *experiencia cumbre,* aquello que se siente cuando se alcanza una cota como ser humano, un estar aquí y ahora «perdido en el presente», con la conciencia de que lo que debería ser es. Para Maslow, estas experiencias son perfectamente naturales y fácilmente investigables y nos enseñan sobre el funcionamiento humano maduro, evolucionado y sano. Maslow identifica la sanidad, la autorrealización y la creatividad.

Cuando el proceso hacia la autorrealización se corta, aparecen reacciones desanimadoras, compensatorias o neuróticas y la conducta se focaliza hacia la evitación, impidiendo el desarrollo autónomo.

Maslow propone una interesante concepción de la patología, relacionando la privación de los *valores del ser* (o valores-B, del inglés «being» = ser) con la aparición de determinadas alteraciones, que él llama *metapatologías* y que entiende como disminuciones de lo humano. Por ejemplo, cuando el valor-B «verdad» es privado patógenamente y sustituido por deshonestidad, la metapatología específica que aparece es la incredulidad, la desconfianza, el cinismo o el recelo.

En la psicoterapia, Maslow pide del terapeuta la consideración positiva de la naturaleza humana y, por ende, la actitud de aceptación al paciente. El objetivo es ayudar a la persona a descubrir los hechos, la verdad, la realidad y la naturaleza de la propia persona. En algún momento, Maslow define la psicoterapia como la *búsqueda del ser y del deber,* entendiendo que la descripción de lo que uno debe ser es casi la misma que la descripción de lo que uno es profundamente.

Un punto, finalmente, muy interesante en cuanto al planteamiento y conducción de la terapia es que el *proceso* y los *objetivos* de la propia terapia son indistinguibles y que, por tanto, separarlos es un contrasentido que puede tener serias consecuencias.

### 2.3. Psicoterapia centrada en el cliente: Carl Rogers

La psicoterapia propuesta por Rogers es quizá la más influyente y conocida de entre las que surgieron dentro del modelo humanista. Este enfoque psicoterapéutico también es conocido como terapia *no directiva;* parte de dos premisas fundamentales:

1.ª   La confianza radical en la persona del cliente.
2.ª   El rechazo al papel directivo del terapeuta.

Para Rogers el ser humano nace con una tendencia *realizadora* que, si no se falsea o se tuerce por los sucesos de la crianza, puede dar como resultado una persona de *pleno funcionamiento,* es decir, alguien permeable a *nuevas experiencias,* capaz de *reflexión, espontáneo* y capaz de *valorar a otros y a sí mismo.* La persona mal adaptada sería, pues, *cerrada, rígida* y *autodespreciativa.*

El enfoque psicoterapéutico de Rogers enfatiza la *actitud del terapeuta* como elemento esencial del cambio. Rogers propone concretar la actitud del terapeuta en los siguientes puntos:

a)  ***Consideración positiva incondicional hacia el cliente:*** La aceptación y el respeto a la persona en cuanto que persona no dependen de sistemas de valores personales, abstractos o normativos.
b)  ***Empatía:*** Es la voluntad de coparticipar en la percepción de la experiencia del cliente. Entender desde dentro su mundo y transmitirle esta comprensión.
c)  ***Autenticidad o congruencia:*** El terapeuta es auténtico o congruente cuando se da la coincidencia entre lo que dice, hace y siente.

Una vez asegurada esta actitud por parte del terapeuta, el desarrollo de la terapia gira en torno a los siguientes aspectos:

— El impulso al crecimiento.
— El énfasis en lo afectivo más que en lo intelectual.
— La importancia del presente más que del pasado.
— La relación terapéutica como experiencia de crecimiento personal en sí misma.

Rogers se interesó particularmente por la comprensión y descripción del proceso de cambio en las personas cuando éstas se sienten aceptadas y comprendidas tal como son por el terapeuta. Vamos a ver algunas de las características que señaló en este proceso.

En primer lugar, se produce una *relajación de los sentimientos.* Éstos pasan de describirse como algo remoto a ser reconocidos como propios, para finalizar experimentándolos como un flujo siempre cambiante. También se da un cambio en el *modo de experimentar:* el individuo comienza muy alejado de su vivencia hasta que progresivamente la va aceptando como un referente al que se puede acudir en busca de significados y, finalmente, la persona se permite vivir de manera libre y permisiva y emplea sus vivencias como principal referente de sus conductas.

En este proceso igualmente se da un paso de *la incoherencia a la coherencia*. En un extremo estaría el máximo de incoherencia, desconocida para el propio individuo; progresivamente iría tomando conciencia de sus contradicciones para terminar experimentando sólo la incoherencia de modo ocasional puesto que ya no percibe como amenazadora su experiencia. Cambia también su *relación con los problemas*, desde su negación, pasando por su reconocimiento, hasta la conciencia de la propia participación en su génesis. Igualmente, *el modo de relacionarse* cambia desde la evitación de las relaciones íntimas a la vivencia abierta y libre de su relación con los demás.

De un modo general los indicadores de que el proceso de cambio se está produciendo y, por tanto, que la terapia centrada en el cliente está cumpliendo sus objetivos son:

— El paso desde los síntomas al yo.
— El paso desde los demás hacia sí mismo.
— El paso desde el pasado al presente.
— El descubrimiento del paciente que puede ser su experiencia, en lugar de tratar de imponer a esta experiencia un sí mismo concebido según patrones externos y de luchar por evitar el acceso a la conciencia de los elementos que no se ajusten a esos patrones.

## 2.4. Psicoterapia gestáltica: Fritz Perls

El enfoque psicoterapéutico que propuso Perls gira sobre dos puntos claves:

1. La concepción del individuo como *totalidad* («gestalt»). Más aún, la realidad es una «gestalt» que abarca al individuo (el organismo), sus necesidades y su medio.
2. El énfasis en el *aquí y ahora*. El pasado y el futuro sólo son importantes en cuanto conductas, pensamientos o sentimientos actuales, es decir, que están ocurriendo en el momento presente.

Según Perls, el hombre tiende de un modo natural a completar su existencia. Sin embargo, la «gestalt» puede quedar incompleta, repitiendo la persona *asuntos inconclusos* del pasado en el presente, sin dejar que nuevas figuras afloren (aquí utiliza Perls el concepto de figura y fondo de la psicología gestáltica de la percepción). Los *bloqueos* que impiden alcanzar una plena integración son de cuatro tipos:

a) *Retroflexión:* Una función dirigida desde la persona hacia el mundo cambia de dirección y se dirige a la propia persona (p. ej., el narcisismo).
b) *Desensibilización:* Pérdida o disminución del impacto sensorial en uno mismo (p. ej., áreas ciegas, embotamiento sensorial, frigidez).
c) *Introyección:* La persona «copia» a otros significativos sin asimilación ni integración con él mismo.
d) *Proyección:* La persona atribuye a otros los atributos que rechaza o teme de sí mismo.

Una de las labores fundamentales del terapeuta gestáltico, en su tarea de ayudar a las personas a superar esos bloqueos, es promover el *darse cuenta:* la conciencia total sobre uno mismo y el medio, sobre el fluir de las emociones y el sentir en el aquí y ahora. La continuidad del darse cuenta supone la primacía del presente. Esta primacía del presente es un elemento esencial de la terapia gestáltica: ayuda al paciente a alejarse de los «por qué» y acceder al «qué» y «cómo» de su comportamiento. El terapeuta ayuda a evitar la verborrea, la especulación y las interpretaciones sin fin considerando que éstas son incompatibles con la captación de las experiencias inmediatas. Perls resume el objetivo de su terapia con la siguiente frase: «Pierde tu mente y recobra tus sentidos».

Los terapeutas gestálticos utilizan numerosos ejercicios —p. ej., la «silla vacía»— de orden más emocional y corporal que meramente racionales para ayudar a promover el «darse cuenta». Un punto muy importante de esta terapia es el de la *valoración de la responsabilidad,* por el que se invita a la persona a hacerse responsable de su conducta —pensamientos, sentimientos y acciones—, incluso si ésta es negativa.

Es interesante el uso que se hace de los sueños en la terapia gestáltica. En lugar de ser interpretados por el terapeuta de acuerdo a uno u otro tipo de hermenéutica, se invita al paciente a que se identifique con las diversas partes del sueño, utilizando así cada uno de los elementos del sueño para representar una parte alienada del yo. De este modo, reexperimentando el sueño componente por componente como parte de uno mismo, expresándolo en el aquí y ahora, se pretende que el sueño sea una oportunidad más de la integración de uno mismo. Coherentemente con la filosofía que preside esta forma de terapia, se transmite al paciente desde el primer momento que la responsabilidad sobre seguir o dar por terminada la terapia es suya, pretendiendo con ello aumentar el grado de implicación constructiva y responsable del propio paciente.

## 2.5. Logoterapia: Victor Frankl

El enfoque de Frankl siempre ha sido de difícil clasificación e, incluso, valoración. Desde quien le ha considerado un oportunista hasta quien le nombra creador de la «tercera escuela de psicoterapia de Viena» (la primera y la segunda vendrían encabezadas por Freud y Adler nada menos). Le situamos aquí dentro de la corriente existencial de la psicoterapia por un doble motivo: su extraordinario testimonio personal de reflexión sobre el sentido de la vida mientras era prisionero en un campo de concentración nazi y, por otro lado, la sistematización de esta reflexión aplicada a la psicoterapia.

El concepto básico de la logoterapia es el de la *pérdida de sentido en la vida* o *vacío existencial*. Para Frankl esta pérdida de sentido es el elemento generador de un gran número de neurosis. Estas neurosis así generadas son denominadas en la logoterapia *neurosis noógenas*.

Frankl llega a este concepto a partir de la consideración de que cada época tiene su neurosis característica. Así, pone el énfasis en distanciarse de las tesis freudianas que consideran la frustración sexual el origen de la neurosis, argumentando que si esta frustración era corriente en tiempos de Freud, actualmente está sustituida por la frustración existencial. Esta frustración existencial parte, según Frankl, del hecho de que el hombre, a diferencia del animal, no tiene instintos que le digan lo que tiene que hacer y, a diferencia de los hombres del pasado, tampoco tiene tradiciones que le digan lo que debe ser.

Las consecuencias de lo anterior son el conformismo, el sometimiento al poder y las neurosis noógenas, debidas éstas a conflictos de conciencia, colisiones de valores y frustración existencial.

La labor del terapeuta de este enfoque es ayudar al paciente a encontrar o restablecer el sentido de su vida. El sentido de la vida, dice, debe concebirse en cuanto sentido específico de una vida personal en una situación concreta. Frankl opina que este sentido, que permite la realización del hombre, se encuentra en la entrega a una tarea o en el amor a una persona. Con respecto a esta conclusión, y como un ejemplo de un fenómeno muy extendido en la historia de las ideas en general y en la de la psicoterapia en particular, que consiste en presentar las propias ideas con un contraste mayor con respecto a las demás del que realmente tienen, digamos aquí a propósito de la distancia que Frankl trata de marcar con respecto a Freud que, tal como relata Erik Erikson, cuando alguien preguntó a Freud qué había que hacer para vivir bien, éste contestó: «lieben und arbeiten», amar y trabajar.

Un punto muy importante en las propuestas de Frankl es que el hombre, por su propia condición, debe encarar lo que denomina la *triada trágica de la existencia*: *dolor, muerte y culpa*. Por dolor se refiere al sufrimiento, inevitable en toda vida; por muerte, a la finitud de la propia vida, y por culpa, a la consecuencia de nuestros errores. La logoterapia propone que la terapia debe tender a la asunción de esta triada trágica como parte de la vida y no fomentar el escapismo en pos del principio de placer: la superación estará en el sentido (alguna terapia reciente como la terapia de aceptación y compromiso, que se presenta en un capítulo posterior, hace de esta idea, sin la fundamentación filosófica de Frankl, un punto central de su propuesta).

Frankl propuso una variada lista de técnicas para lograr sus objetivos, algunas de las cuales han sido utilizadas por terapias de otras orientaciones (cognitivas, sistémicas). Entre las técnicas utilizadas por la logoterapia están las siguientes:

— El *cuestionamiento* por medio de preguntas de las interpretaciones del paciente.
— La *de-reflexión*, o entrenamiento para no prestar una atención inadecuada al síntoma.
— La *intención paradójica*, en la que se invita al paciente a intensificar su síntoma, con lo que se cambia el sentido de su aparición.
— La *biblioterapia*, o sugerencia de lecturas relevantes al momento existencial o la problemática del paciente.

### 2.6. Terapias corporales. Bioenergética: Alexander Lowen. Focusing: Eugene Gendlin

*a) Bioenergética*

Aunque el desarrollo específico de este enfoque se debe a Alexander Lowen, su origen es tributario de la influencia de Wilhem Reich, quien aporta conceptos como «coraza muscular» o «análisis del carácter», centra la terapia en *aspectos corporales* y propone ejercicios de esta índole para poner de manifiesto y superar bloqueos energéticos localizados en el cuerpo.

Para Reich, la coraza muscular, producto del estancamiento de la energía libidinal, es, básicamente, una defensa caracterológica contra la angustia y produce una peculiar tensión muscular derivada de la represión de sentimientos y de la excitación sexual.

El carácter es entendido como una forma típica de conducta de cada individuo y conforma una máscara artificial, un parapeto contra los instintos que finalmente empobrece el gozo de vivir.

Reich sostuvo la tesis de que la neurosis —la represión sexual— es producto de la dominación social y, en consecuencia, intentó integrar un doble instrumento de afrontar estas cuestiones: el psicoanálisis y el marxismo. La dificultad de empeños de este tipo queda reflejada en el hecho de que Reich fue expulsado del Partido Comunista y de la Asociación Psicoanalítica Internacional, lo que, dicho sea de paso, no descalifica necesariamente sus aportaciones.

En cuanto a la técnica terapéutica, Reich renunció a la atención flotante en el trato con los pacientes y se inclinó por una actitud activa en las intervenciones para incidir en cualquier manifestación del carácter y no sólo en la palabra.

Tanto Reich como Lowen consideran la existencia de una *energía vital* observable a partir de sus efectos en los seres vivos (movimiento, excitación, respiración) y, así, el concepto básico de la bioenergética es: *no tenemos un cuerpo, somos un cuerpo*.

Los conflictos pueden ser localizados en el cuerpo —hay una *memoria en el cuerpo* que registra nuestras experiencias— e influidos a través de él. Como se ha dicho, la bioenergética utiliza el concepto reichiano de carácter, constituido por las defensas que bloquean los impulsos vitales. Igualmente, son típicas de la bioenergética las nociones de *arraigamiento* o asentamiento del cuerpo en el suelo, lo que es lo mismo que decir asentamiento de la persona en lo real, y de *resonancia* de las experiencias emotivas en lo corporal.

La bioenergética utiliza técnicas de contacto con el propio cuerpo: respiración, técnicas posturales (p. ej., el «arco bioenergético»), expresión vocal, de asentamiento, de percepción del propio cuerpo, etc. Estas técnicas se utilizan intencional y disciplinadamente, alternando el trabajo corporal con la comprensión verbal, y orientadas a un objetivo totalizador, evitando su uso mecánico y compulsivo. El fin de la terapia bioenergética es la potenciación máxima de las funciones vitales corporales (respiración, movimiento, expresión) de tal modo que se ayude al paciente a recuperar su primera naturaleza.

## b) *Focusing*

El *focusing* se enmarca dentro de las terapias corporales y fue creado por Gendlin, autor formado dentro de la tradición de la filosofía existencial y de la fenomenología. Su paso a la psicoterapia se dio a partir de su encuentro y formación con Carl Rogers. Su interés, acorde con sus estudios filosóficos, es la creación de significados en relación con las experiencias de la persona. Acuña su teoría del flujo de experiencias o *experiencing*. El «experienciar» es la capacidad de tener experiencias como fuente de significados, una sensación a nivel visceral del significado sentido de las cosas. Para Gendlin el significado se forma de la interacción entre el *experiencing* y algo que funciona como símbolo. Una característica esencial de este experienciar es que es *corporal;* así, ya desde el punto de vista de la *terapia experiencial* propuesta por Gendlin, las intervenciones del terapeuta son valoradas en términos del cambio concreto e inmediato realizado sobre la sensación-sentida corporal presente del paciente sobre el punto que se esté tratando. La *sensación-sentida* es un concepto importante en la teorización de Gendlin y hace referencia por un lado a un *nivel preverbal, fisiológico* y *sensorial* pero también se considera que *contiene un significado* que todavía no se ha mostrado.

Para tener en cuenta, como inicio de cada terapia concreta, la posición de partida del paciente respecto del modelo con que se va a trabajar, se creó la *Escala Experiencial*, que cataloga en diferentes niveles las respuestas del paciente y predice, según sus creadores, la lentitud o rapidez de los cambios terapéuticos. Para ayudar a los pacientes a alcanzar niveles más altos en la Escala Experiencial, Gendlin creó la herramienta terapéutica que ha dado nombre al sistema: el *focusing*.

El *focusing,* la técnica y el proceso del enfoque corporal, requiere, sobre todo, prestar atención al cuerpo de un modo específico para que aflore la sensación-sentida y permitir que ésta entre en interacción con símbolos (palabras, imágenes) y lograr así que aparezcan significados. El resultado será contrastado corporalmente atendiendo a los posibles cambios que sucedan en este nivel.

El proceso está estructurado en seis pasos:

1. **Despejar un espacio:** que incluye la relajación corporal, la atención corporal, el inventario de lo que aflora desde el cuerpo, crear un espacio simbólico sobre cada problema y encontrar una distancia con ellos (desidentificarse: «yo no soy sólo mi problema») y elegir un problema para trabajar.

2. **Formar la sensación-sentida:** abrirse a sentir lo que aparezca, manteniéndolo un cierto tiempo.
3. **Conseguir un asidero:** nombrar la sensación corporal. Este paso lo denomina Gendlin simbolización, y se pueden utilizar palabras, imágenes o gestos.
4. **Resonar:** se comprueba el ajuste entre el símbolo y la sensación-sentida moviéndose reiteradamente entre el segundo y tercer pasos. Si se da el ajuste, hay señales corporales de ello: relajación, comodidad, algo positivo.
5. **Hacer preguntas:** que profundizan en el significado de lo que ha surgido: qué es lo mejor de..., qué me impide..., qué es distinto..., etc., con una gran variedad de posibilidades.
6. **Terminar:** decidir el momento de terminar y entonces *recibir* (aceptar lo que ha venido), *agradecer* (valorar los logros o incluso el proceso mismo de conexión) y *proteger* (de las posibles críticas o minimizaciones de lo logrado).

Es interesante observar que el *focusing* no se presenta como una intervención universal, sino que señala características personales que hacen apropiada la técnica (capaces de focalizar la atención en sensaciones, responsabilizados de su propio proceso, la presencia de potencialidades de contacto íntimo, personas en crisis, personas con dolores) o la desaconsejan (muy racionales, necesitados de una intensa relación con el terapeuta, incapacidad de separar los problemas del sí mismo).

Finalmente, señalar que Gendlin concibe el *focusing* como una herramienta que puede ser integrada, con un incremento de la efectividad mutua, con otras orientaciones.

## 2.7. Análisis transaccional: Eric Berne

El análisis transaccional (AT) es una teoría que nace fuertemente entroncada con el psicoanálisis pero que se integra plenamente dentro del movimiento humanístico-existencial tanto por su concepción del ser humano como por el modo de plantear la terapia.

El A T parte del concepto de *estado del yo:* un sistema de emociones y pensamientos acompañado de un conjunto afín de patrones de conducta.

Hay tres estados del yo:

a) *Padre o exteropsique:* Interiorización de los modos de actuar y percibir la realidad de las figuras parentales. Funciones crítica y protectora.

*b) Adulto o neopsique:* Captación objetiva de la realidad, situándose en el aquí y ahora. Funciones analítica y racional.

*c) Niño o arqueopsique:* Deseos, sentimientos e instintos de origen infantil. Funciones de expresión de sentimientos y deseos, intuición y adaptaciones básicas (sumisión y rebeldía).

Las patologías de los estados del yo son la *exclusión,* algún estado del yo queda excluido y la persona mantiene una actitud estereotipada y predecible, y la *contaminación,* los contenidos de un estado del yo invaden otro estado; típicamente el Padre contamina al Adulto (un prejuicio se experimenta como una opinión objetiva) o el Niño contamina al Adulto (una ilusión se vive como un dato de la realidad externa). Berne utiliza el concepto de catexis en un sentido cercano al psicoanalítico para describir la activación de los estados del yo.

El estudio de los estados del yo de una persona y de sus funciones da lugar respectivamente al *análisis estructural* y al *análisis funcional.*

Cuando una persona se comunica con otra desde un estado del yo a otro, tiene lugar una *transacción.* El estudio de sus tipos (complementarias, cruzadas, cerradas, ulteriores) es un punto central del AT, además de dar nombre al sistema. Cuando se dan una serie de transacciones entre dos o más personas, que suceden siempre igual, que distorsionan la realidad y que dejan un sentimiento de malestar, estamos ante un *juego* y la acción terapéutica debe atenderlo.

Otra propuesta básica del AT es la de *guión de vida* o plan de vida de la persona, con elementos conscientes e inconscientes, decidido en la infancia como respuesta a la presión parental, entendida ésta como *mensajes* que los padres envían a sus hijos. Los guiones de vida *triviales* y los de *perdedor* —por oposición a los de *ganador*— y en particular los *hamárticos* (de final trágico) son objeto de la terapia.

Específicamente, la terapia transaccional trata de ayudar a la persona a restaurar o potenciar la *posición existencial* original, que es, según este enfoque, «yo estoy bien, tú estás bien». Así, el AT no sólo comparte el presupuesto básico humanista de confianza en la persona, sino que también explicita la consideración positiva del otro como perteneciente a la naturaleza humana.

En la terapia transaccional se comienza proponiendo un *contrato,* que es el acuerdo que establecen paciente y terapeuta en el que quedan clara y concretamente fijados los objetivos a perseguir y el modo de conseguirlos: compromiso de ambos, aspectos favorables y limitaciones, anticipación de posibles biocoteos, etc. Steiner describió cuatro elementos que debía incorporar un contrato terapéutico para ser válido:

1. *Acuerdo mutuo:* El terapeuta y el paciente, desde sus Adultos, establecen de común acuerdo y de forma clara y concreta el contrato. Uno de los objetivos de este punto es catectizar desde el principio el Adulto del paciente.
2. *Retribución:* Se especifica el intercambio entre los dos. El terapeuta aporta su tiempo, preparación y cuidado. A cambio el paciente le retribuye, usualmente con dinero.
3. *Competencia mutua:* Del terapeuta se exige capacitación, entrenamiento e idoneidad, y del paciente, el uso del Adulto para establecer un contrato y cumplirlo (los casos de minoría de edad o los estados de confusión en el paciente son excepciones a evaluar en cada caso).
4. *Objeto legal:* El contrato debe ser legal y no contrario a la prudencia y a lo socialmente establecido.

Una vez establecido el contrato, es también Steiner quien propone un marco general en el que debe desarrollarse la relación terapéutica para no fracasar: la evitación del juego de Rescate por parte del terapeuta. Este juego consiste en la adopción por parte del terapeuta del rol de Salvador complementario al rol de Víctima del paciente. La evitación del juego de Rescate supone, por parte del terapeuta, seguir los siguientes pasos:

1. No iniciar la terapia sin contrato.
2. No suponer nunca de antemano que el paciente es indefenso.
3. Buscar y estimular el poder del paciente por pequeño que sea.
4. No hacer nunca más del 50 por 100 del trabajo de la terapia.
5. No hacer nada que uno realmente no quiera hacer.

Berne describió algunas intervenciones terapéuticas (operaciones terapéuticas las denomina él) con diferente finalidad, oportunidad y posibles efectos y contraindicaciones, que el terapeuta podría utilizar en la sesión. Son las siguientes:

*Interrogación:* Formular una pregunta con la finalidad de documentar puntos de importancia clínica. Obligan al Adulto del paciente a pensar.

*Especificación:* Declaración del terapeuta en la que clasifica determinada información, pretendiendo fijar esa información de tal modo que pueda ser utilizada en otro momento. Incrementan la catexia del Adulto.

*Confrontación:* Uso de información previa para desconcertar al Padre, Niño o Adulto contaminado del paciente, haciéndole ver una incongruencia para catectizar la parte contaminada del Adulto. Se trata de aclarar y reforzar los límites del Adulto.

*Explicación:* Explicación de un hecho para recatectizar o descontaminar el Adulto del paciente.

*Confirmación:* Confirmar el contenido de una confrontación para evitar movilizaciones del Niño, que puede seguir en la incogruencia.

*Interpretación:* Interpretación psicodinámica para actuar sobre el Niño.

*Cristalización:* Enunciado que hace el terapeuta desde su Adulto dirigiéndose al Adulto del paciente sobre la posición de éste. Se trata de conseguir que el paciente pueda ejercer una opción de cambio.

Junto a estas intervenciones, es frecuente que los terapeutas transaccionales utilicen técnicas y ejercicios de la terapia gestáltica para vehicular sus propios objetivos.

## 2.8. Psicodrama: Jacob Moreno

Se considera a Moreno el introductor del término *«psicoterapia de grupo»*. Fue Moreno un adelantado en desplazar el foco de atención del individuo al grupo (él mismo reivindicó este adelanto incluso con respecto a figuras señeras dentro de este campo como Bion, Foulkes o Lewin) y subrayó la conexión entre su sistema —el *psicodrama*— y la psicoterapia de grupo.

El psicodrama es definido por Moreno como un método de investigación de la verdad a través de métodos dramáticos. *La representación de roles* no se entiende como imitación de la vida sino como su continuación. La *catarsis,* un objetivo de esta terapia, que sería la liberación por repetición o descarga del episodio original, no se logra por mera descarga motora sino porque la acción ha asumido un *significado psicológico* para la persona.

Para Moreno, la patología viene dada porque la persona ha asumido roles rígidos y limitantes. La *espontaneidad* y la *creatividad* pueden ayudar a la persona a librarse de esos roles: el psicodrama es el espacio en el que creatividad y espontaneidad se pueden expresar. La terapia procuraría desarrollar la espontaneidad para liberar la creatividad y así aprender a crear nuevos roles y a abandonar los inadecuados.

Para lograr lo anterior, la técnica del psicodrama utiliza cinco instrumentos: el *escenario*, el *sujeto*, el *director*, los *yoes-auxiliares* y el *auditorio*.

— El *escenario* es el espacio en el cual el sujeto es invitado a expresarse libremente. Se configura de acuerdo a los requerimientos terapéuticos concretos del caso.
— El *sujeto*, al que se invita a ser él mismo, en toda su complejidad y no sólo una parte de él.
— El *director*, que es el terapeuta, generalmente no se implica en la situación e interviene por medio de los yoes-auxiliares a quienes guía en la acción.
— Los *yoes-auxiliares* siguen las indicaciones del director e interpretan roles significativos para el sujeto. Pueden actuar espontáneamente de acuerdo a lo que en ellos suscita el sujeto.
— El *auditorio*, compuesto generalmente por miembros de la familia del sujeto o por pacientes con el mismo tipo de problema.

Una sesión de psicodrama tiene tres partes: *preparación, acción* y *condivisión:*

1. Preparación: Se trata de centrar la atención del grupo sobre un tema en común y encontrar un protagonista que lo interprete. Tanto el sujeto como los yoes-auxiliares tienen una fase de calentamiento para entrar en situación.
2. Acción: Es la representación dramática por parte del sujeto. Su espontaneidad es favorecida por las técnicas del director y los yoes-auxiliares. Su importancia estriba en la capacidad de producir la catarsis.
3. Condivisión: Es la vuelta al grupo y la discusión. Se hace sentir al sujeto que no está solo, se le permite beneficiarse de las opiniones y experiencias de los otros y permite a éstos expresarse, facilitando la catarsis de grupo.

## BIBLIOGRAFÍA

Berne, E. (1974). *¿Qué dice usted después de decir hola?* Barcelona: Grijalbo (orig. 1972).
Berne, E. (1976). *Análisis transaccional en psicoterapia.* Buenos Aires: Psique (orig. 1961).
Casado, L. (1987). *Análisis transaccional: Aquí y ahora.* Barcelona: BPPH.
Casado, L. (2016). *El Análisis Transaccional ante los nuevos retos sociales.* Madrid: CCS.
Frankl, V. (1980). *El hombre en busca de destino.* Barcelona: Herder (orig. 1963).
Frankl, V. (2001). *Psicoterapia y existencialismo.* Barcelona: Herder.
Gendlin, E. T. (1999). *El Focusing en psicoterapia. Manual del método experiencial.* Barcelona: Paidós.
Heine, R. (1974). *Técnicas psicoterapéuticas contemporáneas.* Buenos Aires: Paidós.
Laing, R. D. (1964). *El yo dividido.* México: Fondo de Cultura Económica (orig. 1960).
Linn, S. y Garske, J. (1988). *Psicoterapias contemporáneas.* Bilbao: Desclée de Brouwer.
Lowen, A. (1977). *Bioenergética.* México: Diana (orig. 1975).
Martorell, J. L. (2002). *El guión de vida.* Bilbao: Desclée de Brouwer.
Martorell, J. L. (2002). *El análisis de juegos transaccionales.* Madrid: UNED.
Maslow, A. (1973). *El hombre autorrealizado.* Barcelona: Kairós (orig. 1963).
May, R. (1968). *Dilema existencial del hombre moderno.* Buenos Aires: Paidós (orig. 1967).
Moreno, J. L. (1966). *Psicoterapia de grupo y psicodrama.* México: FCE (orig. 1959).
Perls, F. (1975). *Yo, hambre y agresión.* México: FCE (orig. 1947).
Portuondo, J. y Tamames, F. (1979). *Psicoterapia existencial, gestáltica y psicoanalítica.* Madrid: Biblioteca Nueva.
Rogers, C. (1972). *El proceso de convertirse en persona.* Buenos Aires: Paidós (orig. 1968).
Rojí, B. y Saúl, L. A. (2005). *Introducción a las psicoterapias experienciales y constructivistas* (caps. 1-8). Madrid: UNED.
Steiner, C. (2010). *El corazón del asunto. Amor, información y análisis transaccional.* Sevilla: Jeder.

# Psicoterapias cognitivas 5

## 1. CARACTERÍSTICAS GENERALES

El concepto básico de este enfoque es el de *cognición*. Es éste un término que incluye ideas, creencias, imágenes, atribuciones, expectativas, etc., girando todo ello en torno al concepto de *significado,* y especialmente de cómo se construye ese significado.

Históricamente, el surgimiento del conductismo mediacional, la insatisfacción con los tratamientos conductuales y psicoanalíticos y el nacimiento del paradigma cognitivista fueron factores que coadyuvaron al desarrollo de las terapias cognitivas. Algunas terapias de este modelo se denominan tanto cognitivas como cognitivo-conductuales.

Las terapias cognitivas no tienen un aglutinador único (un creador único o una escuela unificada) sino que se han desarrollado a partir de las aportaciones de terapeutas independientes, que, si bien tienen los suficientes puntos en común como para englobarlos en el mismo modelo, mantienen su propio acercamiento personal a la psicoterapia. Kelly, Ellis y Beck son considerados los más importantes representantes de las terapias cognitivas.

Dobson y Block proponen tres puntos comunes básicos a las terapias de este enfoque:

1.º La actividad cognitiva afecta a la conducta.
2.º La actividad cognitiva puede ser controlada y alterada.
3.º El cambio conductual puede obtenerse mediante el cambio cognitivo.

En cuanto a la *caracterización de los métodos terapéuticos* que siguen estas terapias, podemos señalar los siguientes puntos:

— El terapeuta adopta un papel *directivo*.
— Son terapias con procedimientos *activos*.
— Siguen pautas altamente *estructuradas*.
— Tienden a ser de *corta* duración.

La *relación terapéutica* es considerada como una *colaboración*. Dependiendo de los distintos enfoques, esta tarea de colaboración por parte del terapeuta es vista más como la de un *instructor* o bien, más como la de un *facilitador* de un contexto seguro donde experimentar nuevas alternativas.

El objetivo de las terapias cognitivas es el *cambio de las cogniciones* o estructuras cognitivas que impiden el correcto funcionamiento psicológico de la persona.

Aun siendo los anteriores puntos comunes a las terapias cognitivas, hay que insistir en que existen varios tipos de terapias cognitivas según pongan el énfasis o varíen los métodos de acuerdo a un criterio u otro. Una clasificación aceptada de las terapias cognitivas es la que sigue:

— Terapias orientadas a la reestructuración cognitiva.
— Terapias orientadas a las habilidades de afrontamiento.
— Terapias orientadas a la resolución de problemas.

Desde otro punto de vista —el estar basadas en supuestos epistemológicos racionalistas o constructivistas—, se han dividido en terapias cognitivas racionalistas (p. ej., la propuesta de Beck) y terapias cognitivas constructivistas (p. ej., la propuesta de Kelly).

## 2. PRINCIPALES ENFOQUES

### 2.1. Terapia de los constructos personales: G. Kelly

George Kelly es considerado uno de los grandes pioneros de las terapias cognitivas, así como de la orientación *constructivista* en el estudio del ser humano. El punto de partida de Kelly es la consideración de que las personas organizamos perceptualmente nuestro entorno basándonos en *constructos personales,* es decir, en dimensiones o categorías descriptivas.

Kelly propone la concepción del *hombre como científico:* alguien que trata de predecir y controlar los eventos que le afectan, y que realizará predicciones sobre ellos basándose en su teoría personal del mundo.

Para presentar su teoría, Kelly propone un postulado fundamental y once corolarios. El *postulado fundamental* es como sigue:

Los procesos de una persona se canalizan psicológicamente conforme a la dirección según la cual anticipa los acontecimientos.

Este postulado y sus corolarios indican que la construcción de la experiencia es el determinante primordial de la conducta. Los once corolarios con los que Kelly desarrolla sus propuestas son los siguientes:

*Corolario de construcción:* Una persona anticipa los acontecimientos construyendo sus respuestas.

*Corolario de individualidad:* Las personas difieren unas de otras en su construcción de los acontecimientos.

*Corolario de organización:* Cada persona desarrolla, según su conveniencia en anticipar acontecimientos, un sistema de construcción que implica relaciones ordinales entre constructos.

*Corolario de dicotomía:* El sistema de construcción de una persona se compone de un número finito de constructos dicotómicos.

*Corolario de elección:* Una persona elige en un constructo dicotomizado aquella alternativa mediante la cual prevé una mayor posibilidad para la extensión y definición de su sistema.

*Corolario de amplitud:* Un constructo sirve solamente para anticipar un número limitado de acontecimientos.

*Corolario de experiencia:* El sistema de construcción de una persona varía conforme va construyendo las respuestas a los acontecimientos.

*Corolario de modulación:* La variación del sistema de construcción de una persona está limitada por la permeabilidad de los constructos dentro de cuyo rango de conveniencia caen las variantes.

*Corolario de fragmentación:* Una persona puede utilizar sucesivamente una variedad de subsistemas de construcción que son inferencialmente incompatibles con cualquier otra.

*Corolario de comunalidad:* En el grado en que una persona utiliza una construcción de su experiencia que es semejante a la que emplea otra persona, sus procesos psicológicos serán semejantes a los de dicha persona.

*Corolario de sociabilidad:* En el grado en que una persona construya los procesos de construcción de otra puede desempeñar un papel en un proceso social que implica a dicha persona.

© Ediciones Pirámide

Para conocer los constructos personales que utiliza alguien en concreto en su percepción de la experiencia, Kelly diseñó el Test del Repertorio de Construcción de Roles (o Rep Test). Con él se trata de ver los constructos característicos que la persona utiliza en la descripción de roles tales como un jefe con el que tuvo problemas, un profesor que le fue agradable, etc. Son unos 25 roles que se le proponen al sujeto en grupos de tres, y se le pide que diga en qué aspecto dos cualesquiera de ellos se diferencian del tercero. El test proporciona el grado de complejidad cognitiva de la persona: una persona es tanto más compleja cognitivamente cuanto mayor número de constructos independientes utilice.

Siendo coherentes con los principios básicos de la teoría, se supondrá que el motivo de que una persona acuda a terapia es que, de un modo claro u oscuro, ha entrado en contacto con el hecho de que sus constructos son ineficaces. El terapeuta planteará su objetivo en términos de ayudar al paciente a *modificar su sistema de constructos*.

La *técnica de Rol Fijo* es una propuesta terapéutica que pretende aportar al paciente una vivencia que le facilite alternativas de construcción de la realidad. Esta técnica puede ser caracterizada por los siguientes pasos:

1.º El paciente escribe una descripción de sí mismo (autocaracterización).
2.º El terapeuta la reescribe para que permita la exploración de esquemas alternativos.
3.º Se pide al paciente que lo desempeñe durante un tiempo, una vez entrenado en él.
4.º El paciente puede así ensayar cosas protegido por la autoridad del terapeuta y por la idea de que es un rol ficticio.
5.º Las experiencias así obtenidas, trabajadas con el terapeuta, reestructuran beneficiosamente algunos de los antiguos esquemas.

A la hora de diseñar el rol que se le va a proponer al paciente, el terapeuta tiene en cuenta lo siguiente:

— El modo como el paciente construye su experiencia y el modo en que estas construcciones le producen ansiedad, hostilidad, etc.
— El diseño del rol se hace de tal modo que impulse al paciente a comportarse de manera que se eliminen sus deficiencias. Con frecuencia el rol estriba en actuar de modo contrario a lo que el paciente cree que él mismo es.

— El rol se diseña de tal modo que el paciente pueda comprobar las consecuencias con relativa facilidad.

Kelly consideró la técnica de *Rol Fijo* el tratamiento de elección sólo en uno de cada quince casos y dio una serie de indicaciones para decidir su aplicación:

— Existencia de un tiempo limitado para la intervención.
— Cuando el paciente está saturado o «empachado» con otros intentos terapéuticos.
— Cuando hay un «impasse». El terapeuta ha intentado otras técnicas sin resultado.
— Cuando conviene romper la sobreintelectualización y dirigir al paciente a recursos externos a la terapia, normalmente en fases avanzadas del tratamiento.
— Cuando hay interés en promover la construcción alternativa como primera etapa de un plan terapéutico que incluye el posterior uso de otras técnicas.

### 2.2. Terapia racional-emotiva: A. Ellis

El objetivo de esta terapia es la manipulación de los procesos cognitivos disfuncionales, representados en actitudes irracionales y sistemas de creencias irracionales, asociados a conclusiones falsas.

Para lograr este objetivo, Albert Ellis sustituyó la escucha pasiva por una actitud claramente *activa y directiva,* con la que establecer el diálogo con el paciente acerca de las ideas y creencias, es decir, su filosofía, en las que éste basa su comportamiento.

Detrás de este planteamiento está la consideración de que el pensamiento y la conducta irracionales pueden ser combatidos directa y conscientemente.

Para la terapia racional-emotiva, las alteraciones psicológicas se explican por la tendencia de los seres humanos a realizar evaluaciones de *carácter absoluto* y *dogmático* que dan lugar a un conjunto de *creencias irracionales*.

Algunas de las ideas irracionales que señala Ellis son las siguientes:

— Hay que ser amado y aprobado en todo momento.
— Debería ser el hijo (padre, esposo...) perfecto.
— Hay que encontrar soluciones rápidamente a cualquier problema.

- Mis emociones tienen que ser constantes, sin variabilidad.
- Tendría que hacer todo con extrema eficacia.
- Mi pasado es determinante y condiciona ahora y siempre mis conductas y emociones.

En lo referente a las *emociones,* Ellis propone que entre los hechos y la emoción se da una «autocharla», es decir, que la persona se dice algo a sí misma, interpreta el suceso y de ahí proviene la emoción, no del propio suceso. A esto Ellis lo llama el modelo *ABC:*

A: Hechos y sucesos.
B: Autocharla.
C: Emociones.

Las *técnicas terapéuticas* de Ellis se basan principalmente en la discusión de las creencias irracionales. Los aspectos lógicos y filosóficos son muy tenidos en cuenta. La discusión que propone Ellis se realiza a través de cuatro estrategias:

- Detectar las creencias irracionales, particularmente las que se expresan como «debería».
- Debatir con el paciente hasta el momento en que éste reconozca tanto la inexactitud de sus creencias irracionales como la verdad de las alternativas racionales.
- Diferenciar entre valores relativos (p. ej., deseos) y absolutos (p. ej., necesidades).
- Definir mejor verbalmente los términos que afectan a sus creencias.

El haber sido eficaz en el trabajo terapéutico supone haber demostrado al paciente que él origina su perturbación y haberle convencido de que logre en su lugar un conocimiento más eficaz.

## 2.3. La terapia cognitiva de A. Beck

Aaron Beck concibe la terapia cognitiva como un sistema de psicoterapia basado en el supuesto de que la forma en que los individuos perciben y estructuran su experiencia determina sus sentimientos y acciones.

El terapeuta interpreta un papel *activo* en el proceso de ayudar al paciente a *modificar sus errores cognitivos* y *sus hipótesis disfuncionales.*

Según las características del problema se aplican técnicas tanto verbales como conductuales. Con respecto a estas últimas, Beck señala que se usan no como fin en sí mismas (modificar una conducta) sino como medio para llegar a un cambio cognitivo. En muchas ocasiones las técnicas conductuales se utilizan como pequeños experimentos dirigidos a probar la validez de las hipótesis o ideas del paciente.

Un punto fundamental en la terapia de Beck es la identificación de los *pensamientos automáticos*. Estos pensamientos automáticos se experimentan, según Beck, como si fueran un *reflejo, sin reflexión o razonamiento previo,* y se graban como *plausibles y válidos*. El poner a prueba la realidad de estas cogniciones para que el paciente analice de una forma más correcta las cosas como son, por medio de la técnica de examinar estas cogniciones y someterlas a una *prueba de realidad,* es un elemento central de la terapia cognitiva.

Beck desarrolló primeramente sus propuestas en el tratamiento de la *depresión*. Para entender el modelo cognitivo de la depresión es fundamental el concepto de *triada cognitiva* de esta afección: una visión negativa de *a)* sí mismo; *b)* el mundo y las experiencias presentes, y *c)* el futuro. La identificación de este tipo de pensamientos es el objetivo de la terapia cognitiva de la depresión. Para lograrlo, la terapia se ajusta a los siguientes pasos:

*a)* *Fase inicial:* Evaluación. Explicación al paciente de lo que sucede y de los pasos que se van a seguir en la terapia.
*b)* *Fase media:* Utilización de las técnicas de identificación y modificación de los pensamientos automáticos y creencias que crean y mantienen la depresión.
*c)* *Fase final:* Prevención de recaídas, comprensión de lo que ha sucedido en la terapia y acuerdo sobre el seguimiento.

El registro diario de pensamientos disfuncionales, anotando diferentes aspectos tratados en terapia, y ampliando su aplicación progresivamente de la consulta a casa y a la vida cotidiana, es una técnica importante en esta terapia.

Posteriormente Beck, junto con Emery, presentó el modelo de tratamiento cognitivo de los *trastornos de angustia*. En este tratamiento las fases inicial y final tienen básicamente los mismos contenidos y filosofía que los referidos al tratamiento de la depresión, mientras que la fase media se subdivide en dos y presenta algunas cuestiones específicas que son las que siguen:

a) *Fase media:* Focalización en la interpretación alternativa de las manifestaciones somáticas de la ansiedad.
b) *Fase avanzada:* Exploración de los pensamientos más concretamente aterrorizantes. Uso de la reinterpretación, la relajación y las técnicas de distracción. Inducción de pequeñas crisis en la consulta para practicar controladamente lo aprendido. Exposición gradual a los estímulos temidos.

Se pretende que la terapia cognitiva sea aplicada a un número progresivamente mayor de trastornos. Como ejemplo de este interés se puede citar la aplicación que hace Beck de su terapia a los *problemas de pareja*. En este campo utiliza los mismos principios y técnicas similares, con las apropiadas adaptaciones, que en las aplicaciones originales de su terapia. Para la terapia de pareja se guía por los siguientes cinco principios rectores:

— Las parejas pueden superar sus problemas si reconocen que sus dificultades provienen, más que de la incompatibilidad, de *malentendidos* derivados de *comunicaciones* e *interpretaciones erróneas*.
— El *malentendido* es un *proceso activo* que se produce cuando un cónyuge desarrolla una imagen distorsionada del otro.
— Cada cónyuge debe asumir la plena *responsabilidad* de mejorar la relación.
— La pareja puede ayudarse a sí misma si adopta una actitud de *evitar las culpas y los reproches*.
— Los actos del otro que se atribuyen a algún *rasgo malévolo* se explican con más exactitud en función de motivos bienintencionados aunque equivocados.

## 2.4. El enfoque cognitivo-conductual de D. Meichenbaum

Donald Meichenbaum, que se mantiene dentro de un enfoque cognitivo-conductual, es conocido principalmente por su propuesta sobre la *inoculación del estrés* y, posteriormente, por el desarrollo de un tipo de tratamiento específico para *el trastorno por estrés postraumático*.

### 1. Inoculación del estrés

Este tratamiento se basa en la noción de *inmunización psicológica* del individuo ante las situaciones que le resultan estresantes. La terapia propuesta enfatiza la importancia de aprender a enfrentarse a cantidades de estrés pequeñas y manejables, para hacerlo progresivamente extensible a agentes estresores de mayor entidad. Donald Meichenbaum, junto con Cameron, divide la aplicación de este modelo de intervención en tres fases:

1.ª *Fase de conceptualización:*
   — Recogida de datos tanto del paciente como del tratamiento a seguir.
   — Entrenamiento al paciente en habilidades de evaluación de la situación y los problemas.

2.ª *Fase de entrenamiento y ensayo de habilidades:*
   — Entrenamiento de habilidades de afrontamiento de varios tipos, tendiendo a la consecución de una respuesta flexible.
   — Ensayos con imágenes, juego de roles y entrenamiento autoinstruccional.

3.ª *Fase de aplicación y seguimiento:*
   — Inducir la aplicación de las habilidades: desde lo simbólico a lo real y desde la sesión al mundo exterior.
   — Mantenimiento de lo conseguido y recuperación de recaídas. Generalización.

### 2. Trastornos por estrés postraumático

Más recientemente, Meichenbaum ha desarrollado, manteniéndose dentro de su línea cognitivo-conductual, un modelo de intervención terapéutica para el tratamiento de personas con trastornos por estrés postraumático, resultantes de la exposición a desastres tanto naturales como provocados por el hombre.

De un modo esquemático, las fases del tratamiento del estrés postraumático que propone Meichenbaum son las siguientes:

*Fase I*

1. Establecer la alianza/relación terapéutica y solicitar un relato.
2. Educar al cliente sobre la naturaleza del trastorno por estrés post-traumático y los síntomas que le acompañan.
3. Validar y ayudar al cliente a reformular sus reacciones.

*Fase II*

1. Controlar los síntomas objetivo. Aquí utiliza Meichenbaum la inoculación del estrés, vista anteriormente.

*Fase III*

1. Ayudar al cliente a reestructurar la historia del trauma y sus implicaciones: ayudar al cliente a cambiar de «víctima» a «superviviente».
2. Desarrollar y movilizar las reacciones de apoyo, conectar con otros y reconstruir la supervivencia (comprender que no tiene que contaminar las otras relaciones debido a su trauma).

*Fase IV*

1. Reentrenamiento de la atribución (asegurarse de que el cliente se atribuye el mérito de los logros).
2. Prevención de recaídas.

Específicamente, en el grupo de pacientes que han sufrido desastres naturales o tecnológicos, Meichenbaum propone la utilización de las *Intervenciones Posteriores al Desastre,* a las que denomina *debriefing* (recapitulación, reconstrucción) y *defusing* (desactivación). Estas técnicas tienen lugar en un marco de seguridad, con sesiones que duran entre una hora y hora y media, son conducidas como grupos de encuentro de 6 a 15 personas, incluyen a cualquier persona afectada por los hechos de que se trate, tienen lugar entre 24 y 72 horas después del desastre y son dirigidas por entre 2 y 4 personas.

## BIBLIOGRAFÍA

Beck, A. (1990). *Con el amor no basta*. Barcelona: Paidós (orig. 1988).
Beck, A., Rush, J., Shaw, B. y Emery, G. (1983). *Terapia cognitiva de la depresión*. Bilbao: Desclée de Brouwer (orig. 1979).
Beck, A. (1995). *Cognitive therapy, basics and beyond*. Nueva York: Guilford Press.
Caro, I. (2003). *Psioterapias cognitivas*. Barcelona: Paidós.
Ellis, A. y Grieger, R. (comps.) (1981). *Manual de terapia racional-emotiva*. Bilbao: Desclée de Brouwer (orig. 1977).
Feixas, G. y Miró, M. T. (1993). *Aproximaciones a la psicoterapia*. Barcelona: Paidós.
Feixas, G. y Villegas, M. (1990). *Constructivismo y psicoterapia*. Barcelona: PPU.
Geiwitz, J. (1974). *Teorías no freudianas de la personalidad*. Madrid: Marova (orig. 1969).
Kelly, G. (1966). *Teoría de la personalidad. La psicología de los constructos personales*. Buenos Aires: Troquel (orig. 1955).
Meichenbaum, D. (1987). *Manual de inoculación del estrés*. Barcelona: Martínez-Roca (orig. 1985).
Meichenbaum, D. (1994). Tratamientos de clientes con trastornos de estrés post-traumático: Un enfoque cognitivo-conductual. *Revista de Psicoterapia, 17,* pp. 5-84.
Rojí, B. y Saúl, L. A. (2005). *Introducción a las psicoterapias experienciales y constructivistas* (cap. 10). Madrid: UNED.
Ruiz, M. A., Díaz, M. I. y Villalobos, A. (2012). *Manual de técnicas de intervención cognitivo-conductuales*. Bilbao: Desclée de Brouwer.

# Modelos sistémicos en psicoterapia  6

## 1. CARACTERÍSTICAS GENERALES

La principal aportación de los modelos sistémicos es proponer trasladar la acción terapéutica fuera del ámbito de lo intrapsíquico o lo individual, donde tradicionalmente se la situaba, para llevarla al ámbito de los patrones de interacción interpersonal.

El concepto básico es el de *sistema,* y el marco conceptual fue proporcionado por Ludwig von Bertalanffy con su *Teoría General de los Sistemas.* Este autor define un *sistema* como un *complejo de elementos en interacción.* Desde el punto de vista de su operatividad en terapia, Parson y Bales entienden por sistema uno o más elementos ligados entre sí de modo que al cambio en el estado de un elemento seguirá un cambio en el estado de otros elementos del sistema; tal cambio irá seguido de un nuevo cambio en el elemento primeramente modificado, y así sucesivamente.

Los modelos sistémicos se han desarrollado históricamente aplicados a la *terapia de familia,* modalidad que tiene un auge y una aceptación muy importantes en nuestros días. De todos modos, dentro del enfoque sistémico hay aplicaciones en el ámbito de la terapia individual.

Algunos de los autores de más impacto dentro de este enfoque son Bateson, Haley, Watzlawick, Minuchin y Selvini-Palazzoli.

Los terapeutas que siguen este modelo distinguen entre sistema abierto y sistema cerrado.

Las características de un *sistema abierto* son:

— Mantiene continuos intercambios con su entorno.
— Puede alcanzar su estado final independientemente de las condiciones iniciales.

— Patentiza una cierta manera de mostrar una «voluntad propia».

Asimismo, las características de un *sistema cerrado* son:

— No mantiene ningún tipo de intercambio con su entorno.
— El estado final depende de las condiciones iniciales de dicho sistema.
— Hay un aumento de entropía en su seno, es decir, un empobrecimiento energético y, con ello, una pérdida constante de calidad.

Los sistemas se autorregulan por medio de mecanismos de *retroalimentación (feedback),* gracias a los cuales mantienen sus parámetros básicos de funcionamiento.

Otros principios sobre los que giran las conceptualizaciones de los seguidores de este enfoque se basan en los fundamentos de la teoría de la comunicación humana propuestos por la escuela de Palo Alto. Estos principios son los siguientes:

— Es imposible no comunicar.
— En toda comunicación se puede distinguir entre aspectos de contenido (nivel digital) y aspectos relacionales (nivel analógico).
— La incongruencia entre los dos niveles de la comunicación da lugar a mensajes paradójicos (paradojas pragmáticas).
— La definición de una interacción viene establecida por las puntuaciones que introduce el participante. *Puntuar* es una forma de ordenar los hechos para que formen una determinada secuencia; en general, para decidir cuál es la causa y cuál el efecto (la noción contraria es que las secuencias son recurrentes y la causalidad es *circular*).

Otros conceptos importantes en la terapia sistémica son, por ejemplo, el de *paciente designado* (no se acepta la atribución de enfermo que la familia da a uno de sus miembros) y los de *relación simétrica* (igualdad en la conducta recíproca) y *relación complementaria* (clara diferencia en la conducta recíproca, p. ej., padre-hijo pequeño).

Los terapeutas sistémicos dan un gran valor al tema de las *reglas* que regulan la interacción familiar. Aunque hay peculiaridades de lenguaje y de escuela, en general, los tipos de reglas que los terapeutas de este enfoque tratan de identificar son las siguientes:

— Reglas reconocidas.
— Reglas implícitas.

- Reglas secretas.
- Metarreglas (reglas que regulan o modifican el uso de las reglas).

En general, al estudiar a la familia desde el modelo sistémico, el terapeuta aborda los siguientes puntos:

- Las transacciones que tienen lugar en su interior.
- La estructura interna del sistema.
- Los subsistemas (filial, conyugal, etc.) engendrados como consecuencia de una dinámica peculiar de cada familia.
- Las reglas de todo el sistema y las de los subsistemas originados.
- Las modificaciones que tienen lugar en la estructura de comunicación que se ha establecido como más típica.

## 2. PRINCIPALES ENFOQUES

El auge de los modelos sistémicos ha ido acompañado, como ya se ha dicho, de la progresiva implantación de la terapia familiar. Participando de un fenómeno que recorre toda la historia de la psicoterapia y que consiste en que a la aparición de una idea nueva aceptada por la comunidad terapéutica le sigue una proliferación de escuelas que ponen el énfasis en una u otra posibilidad de dicha idea, la terapia de familia se ha multiplicado en diferentes modelos. Para dar una idea de estos diferentes enfoques y de alguna de sus características vamos a ver la presentación que de ellas hace Sanz, quien presenta nueve modelos (que van desde lo psicoanalítico a lo sistémico) señalando la disfunción a que atienden principalmente, el objetivo de la terapia y alguno de sus procedimientos para alcanzarlo:

- Escuela *psicoanalítica:* Se centran en la represión, su objetivo es el insight y tratan de que se alcance por medio de la interpretación (Ruffiot, Liendo).
- Escuela *existencial:* Se centran en la delegación, su objetivo es la reconciliación e intentan llegar a ella mediante el reenvío a los orígenes (Stierlin).
- Escuela *transgeneracional:* Se centran en las lealtades invisibles, su objetivo es el pago de deudas y su estrategia los rituales terapéuticos (Boszormenyi-Nagy).
- Escuela de la *comunicación:* Trabajan sobre la mala comunicación, tratando de mejorarla buscando nuevos modelos (Satir).

— Escuela *estructural:* Se centran en la confusión de límites, pretendiendo la reestructuración del sistema familiar por medio de la manipulación, la prescripción directa y la explicitación (Minuchin).
— Escuela *ecléctica:* Se ocupan de la disfuncionalidad del sistema, tratando de hacerlo funcional por medio de la interpretación, la reestructuración, la reformulación, la manipulación y la prescripción paradójica, según el principio de «todo es verdad si funciona» (Andolfi).
— Escuela *estratégica:* Se centran en la incapacidad para resolver problemas y tratan de devolver estos problemas a la familia por medio de la reformulación (Haley).
— Escuela *sistémica* (en nuestro texto escuela *interaccional*): Trabajan sobre los sistemas disfuncionales, cambiando la interacción disfuncional por medio de la manipulación no explicitada (Watzlawick, Sluzki).
— Escuela *paradójica* (en nuestro texto escuela *sistémica de Milán*): Se centran en el no deseo de cambio y en los juegos de poder, tratan de provocar crisis por medio de la connotación positiva y de la prescripción paradójica.

De un modo algo más extenso y ciñéndonos a los de orientación sistémica, vamos a ver ahora algunos de los principales enfoques de este modelo.

## 2.1. Escuela interaccional: Bateson, Watzlawick

Surgida en torno al grupo de Palo Alto y las investigaciones de Bateson, quizá sus representantes más conocidos son Watzlawick, Beavin, Jackson y Weakland.

Además de las características señaladas sobre los principios de la comunicación humana por este grupo, es muy interesante la descripción y estudio del *doble vínculo* como un fenómeno especial e importante de la comunicación. El doble vínculo se hace presente cuando en un mensaje hay al menos *dos niveles de comunicación* y estos niveles discrepan o son incongruentes. Las condiciones en que se concreta un doble vínculo son las siguientes:

1.ª La situación es de una gran intensidad emocional para el sujeto, es decir, se da una relación en que discriminar qué tipo de mensaje se recibe es de importancia vital para el sujeto.

2.ª El sujeto está atrapado en una situación en la que otra persona lanza dos mensajes simultáneos y contrarios, es decir, uno afirma lo que niega el otro.
3.ª El sujeto no puede expresar su idea sobre los mensajes recibidos, tanto por la incongruencia de los mensajes como por la manipulación que encierran en el nivel afectivo.

El fenómeno del doble vínculo se ha estudiado particularmente dentro de la comunicación familiar con relación a la esquizofrenia. Este trastorno se ha tratado de poner en consonancia con dimensiones comunicacionales. Así, también Wynne ha estudiado el origen de los trastornos del pensamiento en la esquizofrenia en función de la comunicación desviada como sistema de categorización de la interacción familiar.

Los creadores de este enfoque parten de la idea de que la mayoría de las escuelas psicoterápicas se habían planteado lo que ellos llaman objetivos utópicos (p. ej., organización genital, individuación, autorrealización). Este tipo de objetivos da lugar a un proceso sin fin donde, según estos autores, los problemas quedan perpetuados. Por ello, entienden que un problema es lo que alguien definió como problema más las soluciones que no sólo no han servido sino que incluso han obstaculizado el desarrollo normal de la persona enquistando el problema. El objetivo terapéutico —a alcanzar por medio de una terapia breve— es neutralizar la solución aplicada al problema que contribuye a perpetuarlo.

Estos autores hablan de tres modos de enfocar mal las dificultades:

1.º Cuando se hace preciso actuar, pero no se emprende tal acción.
2.º Al emprender una acción cuando no se debería emprender.
3.º Cuando la acción es emprendida a un nivel equivocado.

Utilizando la teoría de los tipos lógicos establecen, como distinción fundamental en su modo de operar, dos tipos de cambio: «cambios 1» y «cambios 2»:

— «Cambios 1» son cambios que no suponen una modificación de la estructura del sistema y de su funcionamiento cibernético.
— «Cambios 2» son cambios que afectan a los parámetros del sistema.

Un ejemplo de estos dos tipos de cambio puede ser el de un hombre que tiene una pesadilla: los cambios dentro del sueño (correr, gritar, esconderse) son «cambios 1», el despertarse es un «cambio 2».

© Ediciones Pirámide

En general, las soluciones que perpetúan el problema suelen ser «cambios 1», por lo que los terapeutas tratan de provocar un «cambio 2». Para ello, la estrategia básica utilizada es la *intervención paradójica:* intervenciones aparentemente contra el sentido común que reestructuran el sistema.

A veces, el mantenimiento del problema estriba en la razón contraria: exigir un «cambio 2» cuando lo apropiado a la dificultad es un «cambio 1»; por ejemplo, exigir de alguien un cambio de «actitud» cuando sólo se precisa un simple cambio de comportamiento.

### 2.2. Escuelas estructural y estratégica: Minuchin, Haley

Para Salvador Minuchin la estructura familiar es el conjunto invisible de demandas funcionales que organizan los modos en que interactúan los miembros de una familia. Es, pues, la familia el principal ámbito de intervención. Así, al abordar el tratamiento de las diferentes problemáticas, el terapeuta implica habitualmente en el tratamiento a los miembros de una familia que viven en una casa o tienen contacto regular con la familia inmediata.

Un concepto muy importante para analizar la estructura familiar es el de *sistemas triádicos:* los sistemas se organizan como *alianzas* y *coaliciones,* para lo cual se precisa un mínimo de tres miembros:

> Una alianza se define por la proximidad de dos miembros *en contraste* con un tercero más distante. No suelen ser negadas por la familia.

> Una coalición consiste en la unión de dos miembros en contra de un tercero. Las coaliciones entre miembros de distintas generaciones (p. ej., un hijo y el padre contra la madre) se llaman *triángulos perversos.* Son negadas por la familia.

Minuchin habla de *límites* entre subsistemas y de *fronteras* con el exterior. Éstos pueden ser *difusos, rígidos* o *claros,* y según como sean definirán la estructura y posibles disfunciones de la familia. Minuchin utiliza para describir esta estructura los llamados *mapas estructurales de la familia.*

El objetivo de la terapia es la transformación de la estructura del grupo familiar, esperando así modificar las posiciones de los miembros con respecto al grupo y, como resultado de ello, modificar las experiencias de cada individuo. Se tratará, pues, de modificar el estilo y la organización familiar (jerarquías, fronteras y coaliciones). Haley hace especial hincapié en el tema de la jerarquía familiar. El trabajo terapéutico se centrará en los siguientes puntos:

— La estructura de la familia.
— La flexibilidad del sistema.
— La resonancia del sistema familiar y su sensibilidad a las acciones de cada miembro.
— El contexto ambiental de la familia.
— El estadio de desarrollo.
— Los modos en que se usan los síntomas del paciente designado para mantener el modelo transaccional de la familia.

El terapeuta trata de entrar en el sistema *uniéndose* a él para posteriormente utilizar *técnicas de reestructuración* tales como:

— *Desafío* a las definiciones que da la familia y *redefinición positiva del síntoma*.
— *Prescripción de tareas* a ciertos miembros de la familia para provocar alianzas alternativas y reelaborar límites.
— *Desequilibración*, aliándose el terapeuta con un subsistema para provocar una reestructuración de límites.
— *Intervenciones paradójicas* (Haley).

## 2.3. Escuela sistémica de Milán: Selvini-Palazzoli

Esta escuela, surgida de los trabajos de Mara Selvini-Palazzoli y sus colaboradores, se ha centrado en el tratamiento de familias con organización muy rígida, llamadas de *transacción rígida*, o también de transacción psicótica. Básicamente se ha dedicado a la *anorexia* y a los *trastornos psicóticos*.

La terapia en este acercamiento no se focaliza directamente en la eliminación de determinadas conductas, sino en el cambio de los parámetros dentro de los cuales es parte integrante la conducta disfuncional. Así, la conducta disfuncional se entiende como expresión de patrones de interacción interpersonal disfuncionales. En este enfoque se proponen tres directrices básicas para la conducción de la sesión de terapia: *hipotetización, circularidad* y *neutralidad*.

*a) Hipotetización:* Se trabaja desde el principio con una hipótesis sobre la familia de que se trate en concreto (a veces basada en la información telefónica dada en el primer contacto). Esta hipótesis establece el punto de partida para la investigación. La verificación de la validez de la misma se basa en métodos y técnicas específicas.

Si la hipótesis resultara falsa, el terapeuta deberá formular una segunda hipótesis basada en la información recogida durante la verificación de la primera. *La hipótesis debe ser sistémica* y, por lo tanto, incluir a todos los miembros de la familia.

*b) Circularidad:* Por este concepto se entiende la capacidad del terapeuta para conducir la sesión basándose en los «feedbacks» que recibe por parte de la familia, en respuesta a la información que él solicita *en términos relacionales* y, consiguientemente, en términos de diferencia y cambio.

El concepto se basa, a partir de las investigaciones de Bateson, en que *la información es diferencia,* y *la diferencia es una relación* (o un cambio en la relación). El procedimiento básico que ayuda a lograr la circularidad es preguntar a cada miembro de la familia cómo ve la relación entre otros dos miembros de la familia.

*c) Neutralidad:* Este concepto se refiere a un específico efecto pragmático que el comportamiento total del terapeuta ejerce en la familia durante la sesión. El terapeuta está más interesado en provocar «feedbacks» y en recoger información que en confirmar o rechazar a la familia por medio de juicios.

Está también alerta ante los intentos de alianza o seducción que recibe. Puede parecer que al intervenir se alía con uno u otro miembro pero el resultado final es que el terapeuta se alía con todos y con ninguno al mismo tiempo.

Entre las intervenciones que utiliza este enfoque, emparentadas y mutuamente influidas por las que utilizan otros terapeutas sistémicos, está la *connotación positiva,* que consiste en atribuir intenciones positivas a comportamientos considerados problemáticos por la familia (el síntoma). Muy en relación con la intervención anterior están las intervenciones paradójicas, que se vehiculan como *prescripciones* que el terapeuta, en tanto que experto, hace a la familia. Estas intervenciones paradójicas pueden ser de las siguientes formas:

 *a) Prescripción del síntoma:* El terapeuta pide que, en lugar de tratar de evitarlo, se permita que el síntoma se desarrolle en una determinada situación o lapso de tiempo.

*b)* *Prescripción de no cambiar:* El terapeuta da alguna razón para mostrar que el cambio no es deseable y pide que no se cambie.

*c)* *Prescribir que se cambie lentamente:* El terapeuta pide que el cambio sea lento, ante unos supuestos inconvenientes de cambiar rápido.

Estas intervenciones están basadas en supuestos comunicacionales y deben ser muy cuidadosamente diseñadas para ser realmente terapéuticas.

El enfoque de la escuela de Milán propone, en general, una terapia de 10 sesiones con un intervalo de un mes entre sesión y sesión.

Posteriormente, Selvini y su equipo manifestaron su insatisfacción con los métodos paradójicos. Explícitamente señalan que tanto el psicoanálisis como los modelos sistémicos son modelos eminentemente reduccionistas y, por tanto, incapaces de dar cuenta de fenómenos de una gran complejidad como son las psicosis. En su intento de superación de las limitaciones que, en su opinión, conllevan estos modelos, proponen el uso de la metáfora del juego (interacción redundante que sigue unas reglas) para entender e intervenir en las familias con un miembro psicótico.

El punto de partida para este cambio conceptual fue la observación de las redundancias observables al pasar de una familia psicótica a otras. Aclaran que el concepto de juego no hace referencia a algo que sucede sólo en las familias patológicas: dado que el juego es un modo de representar una organización interactiva que evoluciona con el tiempo, no jugar es imposible. La familia, como grupo con historia, *no puede no organizar su propia interacción*. Según como organice su interacción y su evolución, sus miembros se sentirán cómodos o, uno de ellos, en un determinado momento, desarrollará un síntoma cuyo significado será que dicho miembro habrá experimentado una contrariedad relacional insostenible.

Para el análisis del juego parten del establecido por los padres y de la intromisión del hijo en el juego de la pareja, para, tras una serie de estadios, llegar a la eclosión de la psicosis y a las estrategias basadas en el síntoma. El objetivo terapéutico es volver al «impasse» original en el juego de los padres (el «impasse» es el conflicto o sufrimiento oculto y negado tras el conflicto manifiesto de la pareja) para poder levantar su barrera.

Son muy interesantes las consideraciones que al final de su obra sobre los juegos psicóticos hacen sobre la complejidad de lo real y el control de las propias teorizaciones. Con respecto a esto último proponen organizarse —el equipo terapéutico— con la familia en un metasistema terapéutico de tal modo que la aclaración del conocimiento del juego de la familia pudiera ser considerada desde dentro como objeto y, por tanto, controlar este conocimiento con alguna objetividad.

### 2.4. Enfoque ecosistémico: De Shazer

Este enfoque propone incluir, junto a la familia, a los terapeutas, coterapeutas y equipo terapéutico tras el espejo unidireccional (el espejo unidireccional, tras el que hay un equipo de apoyo a los terapeutas, es una práctica común en las terapias familiares sistémicas) en un *suprasistema*. Acostumbrarse a pensar, percibir y decidir según la propuesta anterior es lo que, para Steve de Shazer, caracteriza al enfoque *ecosistémico*.

El trabajo de De Shazer, dentro de la terapia familiar, ha estado básicamente orientado al campo de la *terapia breve*. En este terreno De Shazer aporta una gran cantidad de técnicas e intervenciones para facilitar el cambio, partiendo de la premisa de que sólo se necesita un *cambio pequeño* inicialmente. La idea de que sólo se necesita una meta pequeña y razonable facilita, según De Shazer, la relación cooperativa entre terapeuta y cliente.

Este autor señala que es un problema grave el hecho de que los pacientes planteen metas vagas o excluyentes o con objetivos que no pueden describir. Ante este asunto De Shazer desarrolló una *técnica de la confusión* (derivada de aportaciones de Milton Erickson), en la que el terapeuta admite abiertamente su confusión ante la confusión de los pacientes con el objetivo de frustrarles en construir un significado en la situación terapéutica y que, por lo tanto, resulte imprescindible el planteamiento de una meta, que es lo que da sentido a aquella situación.

Otras técnicas e intervenciones de entre las que propone De Shazer son:

— Estar atento, para utilizarlos en su momento, a los *éxitos pasados* del paciente, por muy ajenos al problema que parezcan.
— *Búsqueda de excepciones*, preguntando acerca de las situaciones en las que no han aparecido los problemas pese a las expectativas del paciente de que aparecerían.
— Dado que los pacientes tienen por lo general certeza sobre los elementos que hacen perturbadora su queja, cualquier duda que se pueda introducir acerca de cualquiera de esos elementos pue-

de ser útil. De Shazer se refiere a lo anterior bajo el nombre de *regla de la certidumbre*.
— Muchas quejas son sólo parte de una pauta más amplia. Es posible poner la pauta «cabeza abajo» y construir el problema sobre una base diferente.
— Cuando se dan en la familia descripciones del tipo «o esto o aquello», el terapeuta las reemplaza por otras del tipo «esto y aquello».
— En la terapia breve el terapeuta necesita crear la expectativa del cambio, de modo que su actitud general tiene que excluir el deseo y reemplazarlo por la *certidumbre*. No dice «si ocurre el cambio...», sino «cuando ocurra...».

## BIBLIOGRAFÍA

Bateson, G. (1985). *Pasos hacia una ecología de la mente*. Buenos Aires: Carlos Lohlé (orig. 1972).
De Shazer, S. (1988). *Claves para la solución en terapia breve*. Barcelona: Paidós (orig.1985).
Erickson, M. y Rossi, E. (1981). *Experiencing Hypnosis: Therapeutic Approaches to altered states*. Nueva York: Irvington.
Haley, J. (1966). *Estrategias de psicoterapia*. Barcelona: Toray (orig. 1963).
López, S. y Escudero, V. (2003). *Familia, evaluación e intervención*. Madrid: CCS.
Minuchin, S. (1977). *Familias y terapia familiar*. Barcelona: Gedisa (orig. 1974).
Minuchin, S. y Fishman, H. (1984). *Técnicas de terapia familiar*. Barcelona: Paidós (orig. 1981).
Ríos, J. A. (1994). *Manual de orientación y terapia familiar*. Madrid: Instituto de Ciencias del Hombre, 2.ª ed.
Ríos, J. A. (coord.) (2003). *Vocabulario básico de orientación y terapia familiar*. Madrid: CCS.
Rojí, B. y Saúl, L. A. (2005). *Introducción a las psicoterapias experienciales y constructivistas* (caps. 9 y 11). Madrid: UNED.
Sanz, R. (1987). Apología del eclecticismo. *Cuadernos de Terapia Familiar, 4*, páginas 29-41.
Selvini-Palazzoli, M., Boscolo, L., Cecchin, G. y Prata, G. (1988). *Paradoja y contraparadoja*. Barcelona: Paidós (orig. 1975).
Selvini-Palazzoli, M., Boscolo, L., Cecchin, G. y Prata, G. (1986). Hipotetización, circularidad y neutralidad. Tres directrices para la conducción de la sesión. *Clínica y Análisis Grupal, 42,* pp. 532-546.
Selvini-Palazzoli, M., Cirillo, S., Selvini, M. y Sorrentino, A. M. (1990). *Los juegos psicóticos en la familia*. Barcelona: Paidós (orig. 1988).
Watzlawick, P., Beavin, J. y Jackson, D. (1981). *Teoría de la comunicación humana*. Barcelona: Herder (orig. 1967).
Watzlawick, P., Weakland, J. y Fisch, R. (1976). *Cambio*. Barcelona: Herder (orig. 1974).

# Eclecticismo, integración y factores comunes

## 1. ECLECTICISMO E INTEGRACIÓN. CARACTERÍSTICAS GENERALES

A pesar de la fortaleza —o rigidez— del sistema de escuelas que ha caracterizado la historia de la psicoterapia, las voces que denuncian la operatividad de tal sistema se han comenzado a dejar oír cada vez con mayor insistencia en los últimos tiempos.

La cuestión de fondo parece ser la imposibilidad de dar respuesta, plenamente y para todos los casos individuales, desde una escuela determinada a la multiplicidad de demandas que los seres humanos llevan a la psicoterapia.

Junto a esta insatisfacción con los resultados y a la proliferación de escuelas de terapia (algunos estudios han dado cuenta de más de cuatrocientas), hay que valorar el hecho de que —más allá del griterío reivindicativo escolástico— no ha sido posible demostrar una inequívoca mayor eficacia de unas escuelas frente a otras (lo que no implica que no haya técnicas o modos de afrontar determinados problemas concretos más eficaces o adecuados que otros). Dado que la controversia sobre la mayor o menor eficacia de unas escuelas frente a otras ha sido tradicionalmente —y aún hoy lo es— el tema que ha enfrentado con mayor acritud a los profesionales de la psicoterapia, vamos a presentar algunos datos sobre el estado de la cuestión (seguimos en parte la muy buena exposición que hacen Feixas y Miró en sus *Aproximaciones a la psicoterapia*, texto cuya lectura recomendamos, y nuestro propio texto *Los debates sobre la psicoterapia: cucos, dodós y otros pájaros*).

La discusión sobre la eficacia relativa de unas terapias frente a otras se mueve, como probablemente en todos los asuntos que enfrentan a los seres humanos, entre lo serio y lo torticero, entre el respetuoso trato de los datos y los sesgos y redefiniciones más burdos. Son los primeros los que nos interesan más, y pasamos a comentar algunos de ellos brevemente.

Sin duda, el estudio «fundacional» de la controversia es el que presentó Eysenck en 1952. Este estudio resultó, de hecho, ser una fuerte crítica para el psicoanálisis y, en general, para las terapias no conductuales. Eysenck, comparando pacientes tratados por diversos métodos y pacientes no tratados, concluyó que las psicoterapias no conductuales no proporcionan ninguna mejoría a los pacientes comparándolas con el simple paso del tiempo (es decir, comparándolas con los pacientes no tratados) e incluso que el simple paso del tiempo es más beneficioso que estos tratamientos. El impacto del estudio de Eysenck fue tremendo y, probablemente, los términos tan descalificantes en los que se produjo —incluyendo las reacciones a sus conclusiones— marcaron el estilo de la controversia quizá hasta nuestros días. Las réplicas y contrarréplicas al estudio de Eysenck se sucedieron. Tal vez el cuestionamiento mayor a las conclusiones de Eysenck ha venido del señalamiento de que los datos que este estudio maneja dan resultados muy diferentes si se tabulan de forma distinta a como lo hizo Eysenck (por ejemplo, Eysenck consideró fracasos los abandonos y las muertes), o si se utilizan otros estadísticos que los empleados en el estudio original, lo que para algunos investigadores supone que Eysenck manejó los datos de tal modo que aportaran menores porcentajes de mejora para la psicoterapia y mayores para la remisión espontánea. Desde luego la investigación posterior no ha confirmado sus resultados.

En todo caso, Eysenck termina su artículo, en coherencia con sus resultados, desaconsejando la formación en psicoterapia en el currículum de los psicólogos clínicos. Desgraciadamente, generaciones de psicólogos han sido formados siguiendo esta directriz, con una marginal, en el mejor de los casos, formación sobre las orientaciones no cognitivo-conductuales.

El grueso de la investigación ha echado abajo los resultados de Eysenck. Michel Lambert señala que pocas áreas de la medicina presentan un soporte empírico mayor que el que presentan los psicólogos y que los resultados, como él dice, de un siglo de investigación sobre psicoterapia (incluyendo en esta denominación a las grandes escuelas) demuestran que ésta es *efectiva,* lo es en un grado *sustancial* y sus resultados son *duraderos.*

En cuanto a la eficacia comparativa de las diferentes psicoterapias, los más importantes estudios parecen mostrar que no es posible establecer la mayor eficacia inequívoca de una escuela frente a otra. Uno de los estudios de más impacto en este sentido fue el llevado a cabo en 1980 por Smith, Glass y Miller, quienes revisaron 475 estudios que abarcaban 78 tipos de psicoterapia y encontraron resultados equivalentes entre las psicoterapias estudiadas. Obviamente, también estos estudios han tenido sus críticos, pero incluso éstos sólo han podido matizar sus conclusiones manteniéndose el resultado de equivalencia básica. Robyn Dawes, por ejemplo, señala que replicó el metaanálisis de Smith, Glass y Miller pensando que se basaría en estudios con debilidades y que, para su sorpresa, los resultados fueron más concluyentes que los originales. Es interesante señalar que algunos estudios muestran que en determinados casos de investigaciones que apuntan a una superioridad de un modelo sobre otro en áreas específicas (por ejemplo, la superioridad de la terapia cognitiva en el tratamiento de la depresión), si se controla la orientación del investigador, esta supuesta superioridad no se mantiene.

A la equivalencia de resultados entre las diferentes terapias se la conoce como el *veredicto del Dodó,* el personaje de *Alicia en el País de las Maravillas,* de Lewis Carroll, que juzga el resultado de una carrera así: «Todos han ganado y todos deben tener su premio». Llama la atención que quien propuso denominar así a este fenómeno fuera Rosenzweig, en 1936 nada menos, para describir su propuesta de equivalencia de resultados con planteamientos e interpretaciones terapéuticas diferentes y apuntando explícitamente a los factores comunes. Es decir, un verdadero adelantado a su tiempo (y, en realidad, a este tiempo).

Desde luego que con los hallazgos de equivalencia no acabaron las polémicas —Khun en *La estructura de revoluciones científicas* decía que en nuestro campo son endémicas— que se siguieron polarizando en torno a investigaciones con llamativos resultados. Por ejemplo, el *Consumer Report,* un estudio sobre la psicoterapia desde el punto de vista del usuario, dirigida por Martin Seligman, concluyó que la psicoterapia era efectiva, que los tratamientos largos eran mejores que los cortos, que ningún modo específico de psicoterapia funciona mejor que ningún otro para ninguna alteración. De nuevo la equivalencia y la polémica a su alrededor.

Por otro lado, la División 12 de la APA (American Psychological Association) va desarrollando un listado de *estudios empíricamente validados,* que resulta en un catálogo mayoritario —no exclusivo, hay terapias de otras orientaciones— cognitivo-conductual. Los requisitos experimentales son estrictos y requieren la manualización de la terapia, lo que es más viable a un tipo de terapias que a otro. A pesar de las críticas, entre otras que el procedimiento beneficia más a unas terapias que a otras, ha supuesto un gran avance y un acicate para las terapias que no encuentran acomodo en este procedimiento a buscar su validación por otro, pero aceptando que la validación empírica es un requisito no soslayable. La propia División 12 reconoce que el hecho de que un tratamiento no este validado por esa vía no significa que no sea efectivo y que al evaluar tratamientos deja fuera factores que influyen determinantemente en el resultado, como la relación paciente-terapeuta. Finalmente, la APA, en una interesante declaración institucional del 2012 en la que se apoya en los resultados de la investigación (http://www.apa.org/about/policy/resolution-psychotherapy.aspx), declara probada la efectividad de la psicoterapia desde varios puntos de vista y, expresamente, señala: «la comparación de diferentes formas de psicoterapia da como resultado más frecuente una diferencia relativamente no significativa, y los factores contextuales y relacionales a menudo median o moderan los resultados. Estos resultados sugieren: (1) que las más válidas y estructuradas psicoterapias son fuertemente equivalentes en efectividad y (2) las características del paciente y del terapeuta, que habitualmente quedan fuera del diagnóstico del paciente o del uso por parte del terapeuta de una psicoterapia específica, afectan al resultado».

Todo lo expuesto anteriormente ha llevado a muchos terapeutas a tratar de posicionarse fuera de lo que consideran los estrechos límites de una escuela particular y a buscar vías de acercamiento a lo que, sin duda, tiene de positivo y eficaz cada una de ellas. La importancia de este movimiento la puede dar el dato del progresivamente mayor número de terapeutas que eligen el término «ecléctico» para autodenominarse (algunos estudios cifran el número en torno al 60 por 100, superando a cualquier otra autodenominación) o, si el diseño del estudio lo permite, se declaran influidos en su práctica por dos o más grandes orientaciones.

La historia de los intentos de integración se remonta a los años cincuenta con la tentativa de integrar conductismo y psicoanálisis por parte de Dollard y Miller. Estas propuestas, como también la de Rosenzweig, comentada más arriba, quizá muestran que siempre ha habido un movimiento —con cierto aroma *underground*— antiescolástico e integrador. Una posible plasmación de este movimiento desde dentro de las diferentes escuelas es la evolución de cada una de ellas —fundamentalismos aparte— hacia la integración de elementos teóricos y técnicos no contemplados en la ortodoxia. Así, en el campo del psicoanálisis, tal como señala Mitchell, hay un fuerte movimiento hacia una visión más interaccional del proceso analítico, más cerca de la metáfora del diálogo que de la del analista como espejo, lo que abre la posibilidad de encuentro del psicoanálisis con otras formas de psicoterapia. Por su parte, desde el campo del conductismo, Jacobson aboga por considerar falsa y limitadora la distinción entre conducta y experiencia interior y propone explícitamente tratamientos que integren técnicas clásicas conductistas con otras no conductistas.

Quizá también sería interesante estudiar otros dos tipos de integración: el primero sería —en una denominación muy personal— la *integración encubierta*, que en algunos casos se la podría llamar *integración vergonzante*, en la que se incorporan ideas, planteamientos o técnicas de otras escuelas pero no se reconoce que se ha hecho esto, o sólo de pasada, y se redefinen las incorporaciones en términos de la propia escuela sin admitir que se ha realizado una integración. El lector atento verá en este texto algún ejemplo. El segundo tipo se podría denominar *integración pragmática*, que sería la que el terapeuta realiza en su práctica cotidiana. Julio Cortázar decía que las mesas, cuando nadie las ve, levantan una pata; parecería que los terapeutas, cuando nadie los ve, se salen de los márgenes que dicta su ortodoxia y aplican de un modo sanamente oportunista lo que consideran que es útil. Algunos estudios asocian este hecho con la veteranía: el terapeuta con años se basa en su experiencia para salirse de su marco teórico, y el novato —y hace muy bien—, en su aprendizaje de un modelo para actuar con seguridad. Ronald Laing parece que apuntaba a esto cuando decía que muchos terapeutas tienen el don de ser inconsecuentes con lo aprendido, pero prudente e irónicamente señalaba que esto, aunque atractivo, no debía considerarse ideal.

Sin embargo, no sería exagerado decir que el *eclecticismo* es más un *síntoma* que una solución, así como la *integración* de las distintas orientaciones psicoterapéuticas es más una *actitud* que un logro. Aunque eclecticismo e integración son parte de una misma respuesta a la situación y en buena medida solapan sus intereses, se podrían señalar algunas características diferenciales:

— El eclecticismo tiende a *evitar la adscripción a teorías particulares* y a centrarse más en la *elección de técnicas concretas*, prescindiendo del marco teórico del que provengan, de acuerdo con su relevancia para el paciente y problema específico de que se trate.
— La integración no rechaza la adscripción a teorías particulares, para desde ellas buscar *síntesis teóricas* que supongan un avance.
— Tanto desde el eclecticismo como desde la integración se presta una especial atención a los *factores comunes* que las diferentes terapias comparten.

Arkowitz ha señalado —en una clasificación que a juzgar por el número de veces que se cita es ampliamente aceptada— que estas tres áreas (el eclecticismo técnico, la integración teórica y los factores comunes) son las de mayor relevancia en el movimiento hacia la integración en psicoterapia.

Es importante señalar que el campo de la integración no es un campo unificado y dentro de él se dan serias discrepancias (a veces da la impresión de que se repiten los esquemas mentales que llevaron a las diferentes escuelas a negarse la palabra entre ellas). Por ejemplo, Lazarus con su terapia multimodal no sólo propugna seguir la línea del eclecticismo técnico («eclecticismo sistemático» en su denominación) sino que explícitamente niega la viabilidad de la integración teórica. Pero también, dentro de los que admiten la posibilidad de integración, han aparecido ya «escuelas»: se ha propuesto, por ejemplo, un modelo constructivista de integración, mientras que, por otro lado, Beck sostiene que la terapia cognitiva *es* la terapia de integración, y así sucesivamente: tal vez en algún momento haya que integrar la integración.

Quizá no sería ocioso estudiar cómo los terapeutas forzamos la realidad para que nuestro modelo favorito quede a la mejor luz posible. Proponiéndolos como algo personal, los tres modos siguientes son, en mi opinión, los que mayoritariamente utilizamos para redefinir la realidad en favor de las propias posiciones:

1.º Dar por sentado que el contexto es excluyente («O tú o yo») e iluminar las debilidades y limitaciones del otro hasta hacerlo lindar con su propia caricatura.
2.º Excluir del paradigma todo aquello que lo cuestione o exija matizaciones cuidadosas por el procedimiento de utilizar un significante distinto.
3.º Presentar conclusiones desde el conocimiento parcial, simplificado y plano de las teorías ajenas, asombrándose a continuación de cómo el mundo no comparte unánimemente la solidez de los propios argumentos.

Cualquier terapeuta reconocería en los tres puntos anteriores —cambiando el lenguaje para ajustarse al que esté más de moda en su escuela en este momento— tres modos patológicos, probablemente solapados, con los que las personas esclerotizan y perpetúan su visión de la realidad. Añadiría que como terapeutas no excluiríamos estos tres puntos del centro de la acción terapéutica. ¿Qué nos pasa que no percibimos nuestra propia patología? Precisamente nosotros hemos aportado al conocimiento general las vías de diagnóstico y tratamiento de estas cuestiones. Quizá haya que empezar a plantearse prioritariamente y con toda seriedad nuestra indulgencia hacia nosotros mismos.

A pesar de esa corriente, más o menos subterránea, hacia la integración, no hay todavía muchos acercamientos sistematizados y operativos a la terapia basados abiertamente en las premisas que se han presentado en este capítulo. Aquí se van a comentar tres: la terapia multimodal de Lazarus, por ser, como ya se ha dicho, una sistematización del eclecticismo técnico; la programación neurolingüística de Bandler y Grinder, por su peculiar punto de partida: la búsqueda de los factores comunes que guiaba la actuación de determinados terapeutas eficaces y reconocidos de diferentes orientaciones teóricas y su explícita intención de crear un instrumento para integrarlo con otros enfoques teóricos (antes de decidir crear su propia escuela), y la psicoterapia cognitivo-analítica, por ser un ejemplo de enfoque integrador que tiene en cuenta elementos teóricos y técnicos de diferentes escuelas.

## 2. PROPUESTAS TERAPÉUTICAS

### 2.1. Terapia multimodal: Arnold Lazarus

La terapia multimodal nace como reacción a la limitación de resultados y a la rigidez en la actuación que, en opinión de Lazarus, son achacables a la adscripción acrítica a las escuelas psicoterapéuticas particulares.

El propio Lazarus sugiere que su terapia podría ser definida con propiedad como «eclecticismo sistemático» por oposición al creciente eclecticismo asistemático que, en su opinión, contribuye a aumentar la confusión en el campo de las psicoterapias.

El principio rector de la terapia multimodal es mostrar cómo es posible adecuar la terapia a las necesidades del paciente y no al contrario. El terapeuta multimodal está especialmente atento a las excepciones individuales a reglas y principios generales. Sin embargo, Lazarus no es partidario de la integración, pues sostiene que las distintas teorías descansan sobre diferentes bases epistemológicas, y aunque admite el uso de técnicas provenientes de otras fuentes, no se adhiere a ninguna de sus teorías subyacentes.

El marco de referencia en el que se va a diagnosticar y a intervenir sobre el paciente es el establecido por las diferentes funciones o modalidades que, según la terapia multimodal, conforman la personalidad:

*Biológicas, procesos Afectivos, Sensaciones, Imágenes, Cogniciones, Conductas y relaciones Sociales.* Con las primeras letras de estas funciones se forma el acrónimo «BASICCoS» (adaptación al español). La terapia multimodal supone que la gama completa de la personalidad humana puede ser asumida por estas funciones o modalidades. La terapia comienza por una evaluación detallada en cada una de estas funciones. Se pretende situar las quejas del paciente dentro de su contexto más amplio y observar qué modalidad o modalidades de los BASICCoS abarcan los síntomas.

Al terapeuta multimodal se le pide que comience a comunicarse con el paciente en la misma modalidad que el propio paciente emplea (p. ej., utilizar la modalidad sensorial si es ésa la que el paciente utiliza) para evitar así la resistencia. Posteriormente, podrá cambiar más fácilmente a una modalidad diferente. A este proceso se le denomina *puenteo*.

En congruencia con lo anterior, se sostiene que las técnicas deben ajustarse a los estímulos iniciadores: tratar reacciones cognitivas con técnicas cognitivas y así sucesivamente.

Se considera importante establecer la *secuencia de disparo de modalidades*, es decir, qué, y en qué modalidad, precede, acompaña y sucede al síntoma que se esté tratando. Al estudio de esta secuencia se le denomina *rastreo*. En cuanto a la selección de técnicas, además de la coherencia entre la modalidad de la técnica y del síntoma, la terapia multimodal recomienda comenzar con los procedimientos más obvios y lógicos y sólo si éstos son ineficaces volver a la construcción del BASICCoS para elegir estrategias alternativas.

Posteriormente, Lazarus propone incorporar la Teoría General de Sistemas a su terapia multimodal con la pretensión, nada menos, de convertirse en una teoría general de la psicoterapia. La cuestión es que para ello pasa deportivamente por encima de las terapias sistémicas en lo que es uno de los más claros casos de lo que arriba hemos llamado integración encubierta o vergonzante. Recomiendo la lectura, sobre este asunto, del texto de Emilio Gutiérrez reseñado en la bibliografía.

## 2.2. Programación neurolingüística: Grinder y Bandler

La programación neurolingüística (PNL) nace a partir de un presupuesto bastante original en su momento en el campo de las teorías psicoterapéuticas: *todas las formas de psicoterapia son hasta cierto punto efectivas,* a pesar de ser aparentemente tan diferentes entre sí.

Los creadores de este sistema comenzaron por estudiar lo que hacían terapeutas de alta efectividad, tales como Milton Erickson, Virginia Satir o Fritz Perls. Su conclusión es que tienen un comportamiento sistemático para decidir cómo y cuándo utilizar su arsenal de técnicas de cambio.

Sus conclusiones les llevan a la afirmación de que las personas no operan directamente en el mundo sino que crean *modelos* o *mapas* del mundo que usan para guiar su conducta. El instrumento que estos autores utilizan para conocer y, en su caso, intervenir sobre el mapa de la persona es *el lenguaje,* entendido como una de las formas específicas que tienen las personas para representar sus experiencias. De un modo concreto, utilizan la *gramática transformacional* para, a partir de las eliminaciones e inconcreciones de las *estructuras de superficie* (las frases tal como las presenta el sujeto), llegar a la representación lingüística plena de donde se derivó: *la estructura profunda*. La sistematización de este proceso da lugar a lo que denominan el *metamodelo:* conceptos y estrategias para el uso de los terapeutas —en principio, sin limitación de escuela— en el intercambio verbal del encuentro terapéutico. Expresamente afirman que el metamodelo está diseñado para integrarlo con otras técnicas y métodos de psicoterapia. Sin embargo, posteriormente abandonan esta propuesta integradora para presentar su propio modelo de terapia.

Establecen la existencia de *tres sistemas representacionales fundamentales,* es decir, tres modos en que las personas se representan a sí mismas su experiencia. Estos tres sistemas son el *verbal*, el *visual* y el *kinestésico* (este último consistiría en las sensaciones cutáneas, musculares, viscerales y emocionales). El tipo de palabras que la persona usa describiendo sus experiencias da la idea de qué sistema representacional utiliza preferentemente. Pero Bandler y Grinder proponen una serie de observaciones atendiendo a los *movimientos de ojos*, movimientos que, según los ejes arriba-abajo, izquierda-derecha, indicarían el sistema representacional usado (los autores sostienen que las pautas encontradas son extensibles a todos los grupos humanos estudiados con excepción, curiosamente, de los vascos).

En el terreno del tratamiento, proponen tratar las limitaciones de las personas como una *fobia*. El objetivo básico es el ensanchamiento del modelo de la persona, para lo que, en unión del uso del metamodelo, la PNL utiliza una serie de técnicas tales como el *anclaje* (asociar una nueva dimensión en un sistema sensorial a un estado de conciencia que se da, generalmente, en otro sistema), el *cambio de historia personal* (revivir una experiencia penosa o limitante con un nuevo recurso «anclado» en la persona hasta que se dé una respuesta satisfactoria a dicha experiencia) o el *reencuadre* (distinguir la *intención* de la conducta de la conducta en sí misma para proceder a inducir un cambio en esa área de conducta).

### 2.3. Psicoterapia cognitivo analítica (PCA)

Este enfoque se incluye dentro de los modelos integradores de psicoterapia al recoger elementos teóricos y técnicos de diferentes escuelas. Anthony Ryle, uno de sus principales impulsores, reconoce que la PCA debe mucho al psicoanálisis, particularmente a la teoría de las relaciones objetales de Fairbairn, si bien utiliza esta base psicoanalítica reelaborando en términos cognitivos, aumentando por medio de la implementación de herramientas descriptivas la capacidad del paciente para la autoobservación consciente y el control, más que induciendo la regresión o utilizando básicamente interpretaciones.

La PCA es una psicoterapia *breve* (entre 12 y 16 sesiones), *focalizada* en puntos concretos sobre los que trabajar en terapia, y en la que se enfatiza la interrelación entre procesos mentales (cogniciones y afectos), acción y consecuencias de la acción. La PCA no se presenta con talante de exclusividad —lo cual es una señal de que sus creadores han comprendido el sentido profundo de la integración— sino como un primer modelo de intervención breve que puede ser efectivo en un buen número de casos, pero que si no es así puede servir como un trabajo previo para tratamientos más especializados.

La PCA es un modelo de psicoterapia *altamente estructurado:* las fases del tratamiento y su contenido están estandarizados. Dentro de esta estructuración, se considera que la *reformulación* es el elemento esencial de PCA. Ryle sostiene que el poder de este enfoque y su capacidad para promover cambios en un tiempo limitado proceden de la reformulación. Ésta sería la creación conjunta (terapeuta y paciente) de una descripción breve y comprensible de la dinámica subyacente de los síntomas y problemas, descripción presentada en la forma que resulte más útil a la tarea terapéutica. El terapeuta puede presentar una primera *propuesta de reformulación en forma de carta* que se trabaja conjuntamente con el paciente; la versión definitiva se guardará por escrito. Los practicantes de la PCA señalan que el impacto emocional de esta carta es con frecuencia intenso: los pacientes quedan conmovidos y al entender que la forma de llegar a la reformulación es un signo de preocupación real por parte del terapeuta, la alianza terapéutica se ve cimentada.

Por medio de la reformulación se facilita que el paciente reconozca y comience a modificar (en sesiones posteriores) los procedimientos a través de los cuales mantenía activamente sus dificultades.

## 3. FACTORES COMUNES

Los factores comunes serían los elementos de la práctica compartidos por todas las terapias y que se relacionan directamente con el éxito terapéutico. Es decir, factores que explican mejor, según los defensores de este acercamiento, que las técnicas específicas del modelo que sigue el terapeuta el éxito de una terapia. Debemos a Jerome Frank la propuesta seminal en este terreno. Frank parte explícitamente del concepto de equivalencia de resultados para proponer, entonces, que los factores activos de la eficacia hay que buscarlos en lo común.

Para Frank, toda terapia supone una *experiencia motivacional y afectiva,* y ahí radica su potencial de cambio. Recuérdese aquí el entendimiento de la terapia como *experiencia emocional correctiva* que hizo Alexander y que vimos en el capítulo de desarrollos del psicoanálisis, por su paralelismo con la observación de Frank. Define unos *componentes estructurales* de la práctica que existen en toda terapia y que son los siguientes:

— *Relación terapéutica.* La relación especial entre paciente y terapeuta, basada en la confianza y en la atribución de competencia al terapeuta para ayudar. Este aspecto, entendido actualmente como *alianza terapéutica,* tiene en estos momentos un gran desarrollo que veremos en un punto del capítulo siguiente.
— *El lugar de la terapia.* La sala de terapia, el gabinete o el centro de salud son lugares designados por la cultura como lugares de curación, y ello genera una expectativa de mejora.
— *Mito (marco conceptual).* Todas las terapias se basan en un mito, en unas creencias, sobre la salud y la enfermedad. Ese mito se engloba en el sistema cultural compartido del paciente y el terapeuta.
— *Rituales (técnicas).* Los terapeutas utilizan técnicas, estrategias, modos sistemáticos de actuar que son percibidos por el paciente como provenientes de un cuerpo teórico.

En cuanto a los *factores que impulsan el cambio* presentes en toda terapia, Frank señaló los siguientes:

- Fomento de la relación terapéutica.
- Mantenimiento de la expectativa de ayuda.
- Aumento de los sentimientos de dominio y autoconfianza.
- Aprendizaje de nuevos modos de sentir, pensar y actuar.
- Activación de emociones intensas.
- Oportunidad de ensayo protegido. La terapia como lugar seguro.

Posteriormente ha habido un buen número de investigaciones sobre factores comunes que han ampliado o matizado los que acabamos de presentar, pero que sobre todo inciden en la alianza terapéutica, en la experiencia intensa y orientada al cambio y en la seguridad del entorno terapéutico.

Algunas recomendaciones basadas en los estudios sobre factores comunes pueden ser las siguientes:

- Centrarse prioritariamente en la percepción del paciente de la alianza, del proceso y del resultado del tratamiento. Si en ello hay elementos negativos, deben pasar a ser el centro de la terapia.
- Focalizarse en el cambio.
- Incorporar recursos de fuera de la terapia. Saber aprovechar lo extraterapéutico —p. ej. el apoyo social del paciente— es una habilidad terapéutica.
- Usar la teoría de cambio del paciente. Recuérdese aquí la propuesta de la PNL del metamodelo.

El lector interesado en profundizar en los factores comunes puede hacerlo en el muy completo texto de Corbella y Botella reseñado en la bibliografía.

## BIBLIOGRAFÍA

Arkowitz, H. (1991). Introductory statement: psychotherapy integration comes of age. *Journal of Psychotherapy Integration, 1*, pp. 1-3.
Bandler, R. y Grinder, J. (1975). *La estructura de la magia I*. Santiago de Chile: Cuatro Vientos.
Bandler, R. y Grinder, J. (1980). *De sapos a príncipes*. Santiago de Chile: Cuatro Vientos.
Caro, I. (comp.) (2003). *Psicoterapias cognitivas. Evaluación y comparaciones*. Barcelona: Paidós.
Corbella, S. y Botella, L. (2004). *Investigación en psicoterapia: proceso, resultado y factores comunes*. Madrid: Vision Net.
Dawes, R. M. (1994). *House of cards. Psychology and psychotherapy built on myth*. Nueva York: The Free Press.
Dollard, J. y Miller, N. E. (1977). *Personalidad y psicoterapia*. Bilbao: Desclée de Brouwer (orig. 1950).
Eysenck, H. (1952). The effects of psychotherapy: An evaluation. *Journal of Consulting Psychology, 16*, pp. 319-324.
Feixas, G. y Miró, M. T. (1993). *Aproximaciones a la psicoterapia*. Barcelona: Paidós.
Frank, J. D. y Frank, J. B. (1991). *Persuasion and healing* (3.ª ed.). Baltimore: John Hopkins University Press.
Gutiérrez, E. (2003). Psicoterapia sistémica y psicoterapia cognitiva. En I. Caro (comp.), *Psicoterapias cognitivas. Evaluación y comparaciones*, pp. 151-166. Barcelona: Paidós.
Jacobson, N. (1994). Behavior therapy and psychotherapy integration. *Journal of Psychotherapy Integration, 4, 2*, pp. 105-120.
Kleinke, C. (1995). *Principios comunes en psicoterapia*. Bilbao: Desclée de Brouwer (orig. 1994).
Kwee, G. T. y Lazarus, A. A. (1986). Multimodal therapy: The cognitive behavioral tradition and beyond. En W. Dryden y W. Golden (comps.), *Cognitive-behavioral approaches to psychotherapy*, pp. 320-355. Londres: Harper & Row.
Lazarus, A. (1983). *Terapia multimodal*. Buenos Aires: IPPEM.
Martorell, J. L. (2017). Los debates de la psicoterapia: cucos, dodós y otros pájaros. *Revista Digital de Medicina Psicosomática y Psicoterapia, 7, 2*, pp. 3-11.
Mitchell, S. (1994). Recent Developments in Psychoanalytic Theorizing. *Journal of Psychotherapy Integration, 4, 2*, pp. 93-104.
Norcross, J. C. (comp.) (1986). *Handbook of eclectic psychotherapy*. Nueva York: Brunner Mazel.
Pérez-Álvarez, M., Fernández, C., Amigo, I. y Fernández, J. (coords.) (2003). *Guía de tratamientos psicológicos eficaces* (3 volúmenes). Madrid: Pirámide.

Rodríguez Morejón, A. (2004). La investigación de resultados y el futuro de la psicoterapia: alternativas a los tratamientos empíricamente validados. *Papeles del Psicólogo, 87,* pp. 45-55.

Ryle, A. (1991). *Cognitive analytic therapy: active participation in change.* Nueva York: John Wiley.

Smith, M., Glass, G. y Miller, T. (1980). *The benefits of psychotherapy.* Baltimore: John Hopkins University Press.

# Desarrollos posteriores 8

Las propuestas que se presentarán en este capítulo son posteriores a la implantación de las grandes escuelas. Veremos las terapias y conceptualizaciones constructivistas, las terapias conductistas de tercera generación, el *mindfulness,* la psicología positiva y el EMDR.

En el caso del constructivismo, la denominación de posterior es algo imprecisa, dado que este modo de entender la realidad no es de ningún modo nuevo e impregna históricamente el campo de la psicología y la psicoterapia. Las terapias conductistas de tercera generación, tal como su nombre indica, sí son desarrollos que suceden a las propuestas precedentes de su propio sistema de referencia. El *mindfulness,* obviamente, tiene un recorrido milenario si atendemos a su origen, pero su aceptación como un método terapéutico en solitario o en combinación con terapias actuales es relativamente reciente. Igualmente, tanto la psicología positiva como el EMDR alcanzan ahora su mayor presencia.

## 1. CONSTRUCTIVISMO

En primer lugar, por su influencia, hay que mencionar la epistemología constructivista. Este modo de entender la naturaleza del conocimiento viene definido básicamente por los dos siguientes puntos:

1. El conocimiento es entendido como *construcción* de la experiencia más que como *representación* directa del mundo real.
2. El conocimiento es entendido como *invención* de nuevos marcos de interpretación más que como *descubrimiento* de la realidad.
3. Hay, por tanto, posibilidad de *diversos significados sobre un mismo suceso* y pueden darse interpretaciones alternativas. Esta

posibilidad de interpretaciones alternativas apunta directamente al cambio terapéutico desde esta perspectiva.

Habitualmente se reconoce como precursor del enfoque constructivista en la psicoterapia a Kelly, cuyo modelo de terapia ya se ha presentado en el capítulo de las terapias cognitivas, pero es mucho más recientemente cuando la epistemología constructivista ha irrumpido con fuerza en el campo de la psicoterapia a partir de su progresiva consideración en el ámbito de la ciencia en general.

Una aportación terapéutica relevante en este campo es la de Vittorio Guidano y Giovanni Liotti, quienes denominaron a su enfoque *evolutivo-estructural*. Estos autores ampliaron la perspectiva cognitivo-conductual, donde se establece una dialéctica sobre las distorsiones del paciente, para incorporar estrategias que permitieran ampliar la comprensión de sí mismo. Plantean una visión evolutiva, apoyándose en la teoría del apego de Bowlby (vista en el capítulo 2): el niño va construyendo el sentido de quién es a través de las primeras relaciones con sus cuidadores, pasando por sucesivos estadios evolutivos hasta lograr un sentido estructurado de sí mismo y un marco desde el que entender (construir) su propia experiencia y la de los otros. La terapia es un *proceso de autoconocimiento* donde lo que acontece en ella es empleado para desvelar el sentido de la identidad del paciente.

Posteriormente, Guidano desarrolla su terapia *cognitivo postracionalista*. El punto teórico central es la idea de que el desarrollo de un sentido de identidad es característico del ser humano. La construcción de la identidad se explica, como se ha dicho, desde la teoría del apego. El mantenimiento de un determinado sentido de la identidad (que tiene diferentes niveles de autoconocimiento, niveles que pueden ser discrepantes entre sí) frente al flujo cambiante de la experiencia puede llevar a la aparición de síntomas. Manteniéndose en la teoría de los patrones de apego, propone cuatro organizaciones básicas del significado personal; cada una de ellas tiene un polo normal y uno patológico, y son, resumidamente, como sigue:

1. *Fóbica*. Caracterizada por la percepción del mundo como amenazador y la búsqueda de figuras de protección.
2. *Depresiva*. Caracterizada por la vivencia de pérdida, rechazo o indiferencia de las figuras de apego, atribuida a la propia responsabilidad.
3. *Obsesiva*. Caracterizada por la duda sobre si uno es bueno o malo. Se relaciona con figuras de apego ambivalentes.

4. *Trastorno alimentario.* Caracterizada por el valor preponderante que dan a la imagen, construyendo su identidad a base de criterios externos. Se corresponde con figuras de apego que sólo transmiten aceptación cuando se cumplen sus expectativas.

La terapia comienza con la *reconstrucción de la experiencia inmediata,* con lo que se pretende el reconocimiento de los significados personales relacionados con su padecimiento; en una segunda fase se pasa a la *reconstrucción del estilo afectivo,* analizando sus relaciones desde una perspectiva histórica, para finalizar con el *análisis evolutivo,* en el que se trata de comprender la propia historia afectiva personal. En palabras de Guidano, se trata de ayudar al paciente a reconstruir su experiencia con ojos diferentes.

Ya se ha comentado más arriba que la fuerza del constructivismo viene de su implantación en muchas ramas de la ciencia. En este sentido, las aportaciones constructivistas en la cibernética y la biología han influido a la psicoterapia —además de propiciando desarrollos terapéuticos como el que acabamos de ver— con ideas, modelos y metáforas, algunos de los cuales vamos a comentar a continuación.

## 1.1. Cibernética de segundo orden

La idea de la *inseparabilidad del observador en lo observado* es, quizá, la más influyente de cuantas transcurren por las modernas (o tal vez sería más apropiado decir postmodernas) teorizaciones de la psicoterapia. Para muchos es Heinz von Foerster el pensador que con más fecundidad se ha enfrentado a esta cuestión —Ceruti lo llama el Sócrates del pensamiento cibernético— y uno de los que más huella han dejado en el pensamiento epistemológico actual. Lo cierto es que frases suyas son repetidas una y otra vez por los defensores de este acercamiento al conocimiento: «no se puede ver que no se ve lo que no se ve», «la verdad es el invento de un mentiroso», «el conocimiento nace cuando se ignora la ignorancia». El rol del observador en lo observado abre el camino a la *cibernética de segundo orden.* Así como la cibernética de primer orden enfatiza el concepto de retroalimentación negativa como mecanismo esencial para el mantenimiento del sistema, la cibernética de segundo orden se centra en el papel del sistema observador como constructor de la realidad observada: de este modo, toda observación pasa a ser *autorreferencial.*

Partiendo expresamente de la cibernética de segundo orden, Graham Barnes propone una «psicoterapia de la psicoterapia» (von Foerster había hablado de una cibernética de la cibernética) y un «diagnóstico del diagnóstico». Si atendemos a las recientes polémicas sobre la adecuación del DSM-V para nuestro trabajo, no parece una mala idea. En el proceso terapéutico, el terapeuta intentará observarse a sí mismo como un observador dentro del sistema de comunicación que está observando y en el que, al mismo tiempo, está participando.

### 1.2. Sistemas autopoiéticos

En esta misma línea, son también de una gran influencia las ideas de los biólogos Humberto Maturana y Francisco Varela, quienes proponen que los seres vivos son sistemas *autopoiéticos,* es decir, se producen continuamente a sí mismos y se constituyen como diferentes del medio circundante por su propia dinámica. Estos sistemas poseen lo que llaman *clausura operacional* en su organización: su identidad está especificada por una red de procesos dinámicos cuyos efectos no salen de esa red. Es claro que estos autores se colocan en una perspectiva constructivista; sin embargo, no dejan de advertir en numerosos puntos de su obra contra una interpretación simplista de sus posiciones. Expresamente afirman que hay que aprender a caminar por el filo de la navaja evitando los extremos representacional (u objetivista) y solipsista (o idealista). Parecen haber adivinado que las interpretaciones de su obra con frecuencia preferirían el ancho y grosero camino del «no existe el mundo objetivo, todo es significado», que el incómodo filo que preconizan.

Señalemos que Varela, posteriormente, centra su atención en el campo de las ciencias cognitivas y la experiencia humana, específicamente en el tema de la inexistencia de un yo independiente, fijo y unitario dentro del mundo de la experiencia y las consecuencias de esta inexistencia. Su propuesta es acercarnos a esta cuestión desde el budismo, propuesta que parece haber sido recogida dada la implantación del *mindfulness,* que veremos enseguida, en algunas terapias actuales. Su libro *De cuerpo presente,* escrito con Thompson y Rosch, es un interesante encuentro entre los modos occidental y oriental de tratar estas cuestiones.

### 1.3. Complejidad

Otra idea —en realidad solapada con algunos de los planteamientos que se acaban de presentar—, de entre las que conforman el pensamiento actual y que la psicoterapia también recoge, es la de *complejidad*. Desde el diagnóstico hasta las técnicas terapéuticas, desde la adscripción a una escuela determinada hasta la definición del rol del terapeuta, pasando por la definición de lo sano o lo patológico, la asunción de la idea de complejidad revoluciona, o debería revolucionar, también el campo de la psicoterapia. El asumir esta cuestión como propia pasa por la aceptación de que lo simple no existe: sólo existe lo simplificado. En determinados dominios es posible que no podamos proceder si no es simplificando, pero deberíamos saber que es esto lo que estamos haciendo. Edgar Morin, uno de los principales estudiosos de esta cuestión, señala, con esa rara mezcla de belleza y precisión que da la lucidez, que la complejidad está allí donde no podemos remontar una contradicción y aun una tragedia. La tentación de comprender (simplificando, claro) la psicopatología desde esa frase es grande, tan grande como la dificultad de aplicarla a nuestro saber y a nuestra práctica. El camino que se nos ofrece es de nuevo un filo de navaja: como señala Morin, cuanto más compleja es una organización, más tolera el desorden (digamos la incertidumbre, la contradicción), pero un exceso de complejidad es desestructurante. Recordemos aquí, uniendo esta vía de pensamiento con la tradición humanista, que Carl Rogers definía a la persona que se ha beneficiado de la terapia como aquella sin temor a sus contradicciones.

### 1.4. Narrativas

Una cristalización de estos conceptos que impregnan en buena medida el pensamiento psicoterapéutico actual ha dado lugar a la introducción de las perspectivas *narrativas* en psicoterapia. Como señala Bruner, la perspectiva narrativa aparece por oposición a la perspectiva paradigmática. Esta última trata de imponerse apelando al establecimiento de una verdad dada como real, categorizada, conceptualizada y formando un sistema. Propone conocer el mundo tal como es. La perspectiva narrativa, en cambio, enfatiza el sentido, los significados. Utiliza el tiempo como tiempo de cada uno, coloca los acontecimientos en un continuo que va del pasado al futuro y que por tanto aparecen vinculados significativamente. La construcción del sentido, la complejidad, la participación del observador en lo observado están incluidas en la perspectiva narrativa.

Como era de esperar, ya hay varias perspectivas en las perspectivas narrativas. Elegimos para ilustrar este enfoque una de las más conocidas, la *psicoterapia narrativa* de Efran. Este autor utiliza el concepto

© Ediciones Pirámide

de Maturana y Varela de *emparejamiento interactivo* entre el narrador y el mundo. Se parte del relato del paciente considerando que el lenguaje que le ha permitido tener dominio sobre el mundo, al mismo tiempo, ejerce un dominio completo sobre él. Efran procede enfocando el mundo del paciente con conjeturas y abstracciones que suponen seleccionar y reflejar la experiencia del paciente de un modo diferente a como lo hace él. El propósito es convencer al paciente de que debe examinar sus abstracciones y así desarrollar nuevas formas de comprensión de ellas. Efran privilegia este procedimiento frente al simple ofrecimiento de nuevos relatos o abstracciones. El éxito vendrá dado por el desarrollo de *metaabstracciones*, es decir, de narrativas y abstracciones sobre la narrativa y la abstracción de tal modo que al poder pensar sobre la naturaleza y las consecuencias de ellas se abra la posibilidad de cambio.

Generalizando el procedimiento del enfoque narrativo en la terapia, Óscar Gonçalves resume así el objetivo del terapeuta:

1. Ayudar a los pacientes a desarrollar sus habilidades narrativas.
2. Extraer un significado de sus narrativas.
3. Deconstruir y desarrollar significados alternativos.
4. Ensayar la viabilidad de esos significados, proyectando narrativas alternativas.

En general, la utilización de las narrativas en psicoterapia implica tanto la deconstrucción del relato como su reconstrucción, no sólo para ser entendido sino para promover un cambio.

## 2. LAS TERAPIAS CONDUCTISTAS DE TERCERA GENERACIÓN

Estas terapias se presentan a sí mismas como un salto cualitativo en el desarrollo de las terapias de conducta, entendidas éstas en un sentido amplio que abarca igualmente las terapias cognitivo-conductuales. Al hablar de una tercera generación, hay que dar cuenta de las dos generaciones anteriores.

La **primera generación** haría referencia a la terapia de conducta clásica (descrita en el capítulo 3) orientada hacia la modificación de la conducta de un modo directo basado en los principios del aprendizaje, siguiendo, según la clasificación de Meichenbaum, la metáfora del condicionamiento.

La **segunda generación** la constituyen las terapias cognitivo-conductuales (presentadas en el capítulo 5) que trabajan en torno al concepto de cognición y operan sobre su construcción, identificación y cambio. Esta segunda generación respondería a la metáfora del procesamiento de información.

El paso a un *enfoque contextual* es lo que caracteriza a las terapias de **tercera generación**. La suposición básica de este enfoque es que el contexto es el elemento más esencial para la comprensión de la naturaleza y función de un suceso. Siguiendo a Hayes, quizá el más relevante de los autores de esta tercera generación, a partir de esta especial sensibilidad al contexto y a las funciones de un evento psicológico, más que a su forma, se tendería a enfatizar el papel de las estrategias contextuales y experienciales. De un modo concreto, no se trataría de eliminar el síntoma (como en las terapias de las dos generaciones anteriores) sino a modificar la función que ese síntoma tiene a través del cambio en el contexto en el que dichos síntomas aparecen como problemáticos. Esta descripción correspondería, en la clasificación de Meichembaum, a la metáfora de la narración constructiva en la que se enfatiza el concepto de la creación activa de la realidad a través de la fortaleza de los significados personales y de los modelos individuales de representación del mundo.

Para denominar a lo anterior terapias conductistas o cognitivo-conductuales, aunque sean de tercera generación, se podría argumentar que hay que tener una mente verdaderamente amplia. De hecho, estas terapias incorporan intervenciones y técnicas de las terapias humanistas y experienciales (expuestas en el capítulo 4) como elementos importantes de su modelo. Así, aportaciones de Rogers, de la logoterapia, de la gestalt y otras son incorporadas a estas terapias, y no sólo las técnicas sino también parte de sus planteamientos filosóficos. Sin embargo, esta incorporación de ideas e intervenciones provenientes del modelo humanista no está planteada desde la óptica de la integración; de hecho, en no pocas presentaciones de estas terapias, cuando se da cuenta de esto, se dice que incorporan modos de hacer de las terapias «no científicas», con un lenguaje que manifiesta una cierta incomodidad, sino como un desarrollo —con un salto cualitativo— desde las primeras terapias conductistas hasta estas propuestas. Para sus autores esto queda justificado por un lado por la voluntad de mantener sus aportaciones ligadas a la investigación básica y a los ensayos clínicos controlados y, por otro, y desde el punto de vista teórico, por la consideración de que sus propuestas se desarrollan a partir del contextualismo funcional, entendido éste como una filosofía de la ciencia que converge con el conductismo radical de Skinner.

Esta nueva filosofía —para las terapias cognitivo-conductuales— supone el paso de un modelo mecanicista a un modelo más narrativo, en el que el lenguaje como constructor de significados es especialmente atendido. En este mismo sentido, se abandona el modelo de déficit (hay algo malo dentro del paciente que debe ser corregido) en favor de un entendimiento del trastorno en términos del contexto, la historia personal y la construcción que el sujeto ha hecho de su realidad.

Algunos principios generales que aplican estas terapias son:

— La **aceptación,** en el sentido de darle un lugar a lo negativo, al sufrimiento, en la propia vida.
— El trabajo sobre **valores,** tanto los del paciente como los del terapeuta.
— La **activación,** promoviendo el cambio hacia metas personalmente valiosas.
— La consideración de la **relación terapéutica** como un elemento importante de la terapia.

Dentro del abanico de terapias cognitivo-conductuales de tercera generación, nos vamos a ocupar de, quizá, dos de las más relevantes: la terapia de aceptación y compromiso (ACT) (Hayes) y la terapia dialéctica conductual (Lineham). Otras terapias de este encuadre son la terapia de activación conductual, la psicoterapia analítico-funcional, la terapia integral de pareja, la terapia de conducta basada en la aceptación y la terapia cognitiva basada en *mindfulness*.

### 2.1. Terapia de aceptación y compromiso (ACT) (Hayes)

La terapia de aceptación y compromiso (ACT, por sus siglas en inglés, que se mantienen en castellano por su significado de «acto» o «actuar») fue creada originalmente por Steven Hayes y posteriormente desarrollada por él y otros colaboradores. En palabras de Hayes, la ACT es una forma de psicoterapia experiencial, conductual y cognitiva basada en la teoría del marco relacional del lenguaje y la cognición humana.

Como se ha señalado más arriba, la fundamentación filosófica de esta terapia es el contextualismo funcional, y la unidad de análisis es el acto en el contexto, se enfocan los eventos como un todo y se trata de entender su naturaleza y función en términos de su relación con el contexto. Basado en lo anterior, Hayes propone la Teoría de los Marcos Relacionales (TMR), que parte del análisis funcional del comportamiento para centrarse en el análisis funcional del *lenguaje* y la cognición. Su objetivo es el análisis del lenguaje y la cognición entendidos como aprendizaje relacional. Aprendemos a relacionar eventos hasta que se produce la abstracción de la clave que los relaciona, lo que permite aplicarla a eventos diferentes de los que permitieron la abstracción. Tal como señalan sus autores, los tipos específicos de comportamiento relacional, es decir, los marcos relacionales, se definen en términos de tres propiedades:

— *Implicación mutua:* Juan es igual de alto que Pedro, Pedro es igual de alto que Marcos; de ello derivamos sin precisar aprendizaje adicional que Pedro es igual de alto que Juan y que Marcos es igual que Pedro.
— *Implicación combinatoria:* Juan es igual de alto que Marcos y Marcos igual de alto que Juan.
— *Transformación de funciones:* si un sujeto por su historial de aprendizaje piensa que los tatuajes son signo de incultura, al ver a alguien desconocido con un tatuaje le transferirá la característica y sus connotaciones negativas.

Naturalmente, la TMR describe una red de vínculos, relaciones, funciones y patrones de regulación más compleja de lo que estos ejemplos pueden mostrar. Un apunte importante es que los seres humanos pueden establecer relaciones arbitrarias respondiendo a elementos contextuales y no a propiedades formales de los estímulos (de un modo obvio, la relación entre la palabra «ojo» en castellano y el órgano es arbitraria, así hasta asociaciones del mundo privado de la persona). Cuando los marcos relacionales relacionan palabras con eventos, aquéllas adquieren las funciones de éstos y pueden controlar otros comportamientos. A esto se le conoce como patrones de regulación verbal o *conducta gobernada por reglas,* y un objetivo de la ACT será analizar cómo puede cambiarse el patrón de comportamiento que está bajo esas reglas.

**El Trastorno de Evitación Experiencial (TEE)**

La ACT propone que en la base de muchos trastornos clínicos y de demandas terapéuticas está el Trastorno de Evitación Experiencial. El concepto de TEE se enmarca en la presión cultural que enfatiza el sentirse bien como una obligación, orientando a sus individuos hacia el bienestar inmediato. Dado que el malestar o el sufrimiento es una parte consustancial de la vida, la persona se enreda en un patrón inflexible de evitación, enmarcado en un patrón de regulación verbal ineficaz, orientado a evitar el sufrimiento, intentando controlar los eventos privados, sensaciones, sentimientos y circunstancias que los provocan. Es decir, el TEE es de naturaleza verbal, y aunque la persona tenga éxito a corto plazo, termina generalizando las experiencias negativas y limitando su vida. La ACT considera el TEE el factor crítico en el sufrimiento humano y señala que psicoterapias de muy distinta procedencia lo han reconocido igualmente como un factor central a tratar.

**Propuesta terapéutica**

Como marco general de su propuesta, una característica de la ACT es que no está protocolizada sino que pretende ajustarse al paciente y al terapeuta particular en cada caso. Se explicita que la relación terapéutica es un factor importante de la ACT, lo que exige del terapeuta un desarrollo personal. Igualmente, sugiere un análisis no sintomático de los problemas, sino funcional, y se propone que esta terapia está especialmente indicada para pacientes con un Trastorno de Evitación Experiencial cronificado y, por ello, con un patrón rígido de interacción con los eventos privados. Hayes expresamente señala que el modelo de cognición humana en que se basa la ACT sirve de fundamento a sus técnicas terapéuticas, técnicas que pueden englobarse en tres grandes categorías: **consciencia**, **aceptación** y vida basada en **valores**.

— Por consciencia se refiere al modo de *observar la propia experiencia,* proveniente de Oriente a través de diferentes prácticas de meditación, añadiéndole, según Hayes, un modelo de los componentes de esa consciencia y nuevos métodos para cambiarlos.
— La aceptación se basa en el hecho de que *el intento repetitivo de librarse del dolor sólo consigue amplificarlo.* La alternativa es la aceptación, pero, se señala, de un modo activo y no resignado. Se parte de que es difícil entender en qué consiste la aceptación activa al principio de la terapia y que se va entendiendo a lo largo del proceso.
— La vida basada en valores como meta terapéutica implica que el trabajo en la terapia se oriente a centrarse en *las direcciones valiosas desde un punto de vista personal,* siguiendo el principio

de que «primero compórtate de acuerdo con tus valores y luego te sentirás bien».

Desde un punto de vista formal, la terapia se desarrolla a través de seis fases después de una fase de preparación en la que se transmiten los objetivos y filosofía de esta terapia. Estas fases no siempre se proponen en el mismo orden en las distintas presentaciones de la ACT y, de todos modos, se advierte que al depender del paciente y del terapeuta en particular son más una guía que un protocolo cerrado. Éstas son las fases:

1. **Desesperanza creativa.** En la que se ponen en evidencia los repertorios de evitación que el paciente utiliza histórica y reiteradamente y su falta de eficacia, así como la inevitabilidad de aspectos dolorosos de la vida (desesperanza), al tiempo que se apunta la posibilidad de otra visión como meta de trabajo.
2. **El control es el problema.** Fase en la que se trata de mostrar que los intentos de control son el verdadero problema.
3. **Construyendo la aceptación.** Se trata aquí de desliteralizar el lenguaje del paciente que mantiene la situación y trabajar la aceptación como alternativa a la evitación.
4. **Yo como contexto y no como contenido.** Se propone que la distinción de estas dos dimensiones del yo facilitará a los pacientes el abandono de las estrategias de control que les son nocivas. Se utilizan conceptos como *ser* y *tener* para ayudar a concienciar y separar estas dos dimensiones, «tengo tristeza, no soy triste», o metáforas como los muebles y la casa.
5. **Valorando.** Se trabajan los valores del paciente, especialmente las bases verbales sobre las que éstos se sostienen para a través el autoconocimiento dirigirse hacia valores propios.
6. **Estar dispuesto y el compromiso.** En la que el paciente se compromete con el cambio de su conducta, no como meros objetivos basados en valores personales.

Entre los recursos clínicos que la ACT propone están la *defusión* (desliteralizar el lenguaje y distanciarse de los eventos privados ligados al malestar); en la misma línea de recursos para alterar los contextos verbales se propone el uso de *metáforas, paradojas* y *ejercicios experienciales*. Se consideran también importantes los *ejercicios de exposición* a los eventos privados (pensamientos y sentimientos) y el uso del *mindfulness,* cuya fundamentación se describirá en un próximo apartado.

## 2.2. Terapia dialéctica conductual (TDC) (Lineham)

La terapia dialéctica conductual ha sido desarrollada por Marsha Lineham específicamente para el *trastorno de personalidad límite (TLP)*. Lineham define su tratamiento como cognitivo-conductual, pero al mismo tiempo señala que la visión dialéctica del mundo —que veremos inmediatamente— en que se apoya su terapia, e incluso se incorpora a su denominación, es compatible con los modelos de conflicto psicodinámicos de la psicopatología. Dado que esta terapia se aplica específicamente al TLP, comienza por presentar su *teoría dialéctica y biosocial* de este trastorno, que describimos resumidamente a continuación.

La perspectiva dialéctica de la naturaleza de la realidad se articula en torno a tres características:

1. La interrelación fundamental que se da en la realidad, entendida esta como una totalidad. Exigencia de relación de las partes con el todo.
2. La realidad es un conjunto de fuerzas que se oponen entre sí (tesis y antítesis) y de cuya síntesis surge un nuevo conjunto de fuerzas oponentes. Así, el pensamiento o conductas dicotómicos del TLP son un fracaso dialéctico.
3. La naturaleza de la realidad es el cambio o el proceso, más que el contenido o la estructura.

El principio fundamental de la teoría biosocial del TLP propone que el principal trastorno de esta patología es la *desregulación de las emociones*. Los sujetos con TLP tienen dificultad para regular sus emociones. Esta desregulación está motivada por la *vulnerabilidad emocional* y por el uso de *estrategias inadecuadas y poco adaptativas* de modulación de las emociones. Lineham describe la vulnerabilidad emocional en tres puntos:

1. Muy alta sensibilidad a estímulos emocionales.
2. Respuesta muy intensa a los estímulos emocionales.
3. Un retorno lento a la calma emocional tras la excitación.

La modulación de la emoción queda definida, por su parte, en cuatro puntos, como la habilidad de:

1. Inhibir la conducta inapropiada en relación con las emociones.
2. Actuar de modo que no se dependa del estado de ánimo.

3. Calmar uno mismo la actividad fisiológica proveniente de una emoción.
4. Conseguir concentrar la atención en presencia de una emoción intensa.

Una cierta disposición biológica en transacción con un determinado contexto durante el desarrollo serían los factores que llevarían a la desregulación emocional. En relación con los factores ambientales, el punto principal es el que se refiere al *ambiente invalidante,* descrito como un ambiente en el que se tiende a responder al niño errática e inapropiadamente, sobre todo en lo que toca a la experiencia privada (creencias, sentimientos y sensaciones). Por otro lado, abundan las respuestas extremadas (demasiada intensidad o demasiada poca) que finalmente conducen a la ruptura entre la experiencia privada y la respuesta de su entorno.

**El tratamiento**

El tratamiento de la TDC incluye terapia individual y sesiones de grupo orientadas al entrenamiento de habilidades psicosociales. El estilo de la terapia, tal como lo describe la propia Lineham, mezcla una actitud realista, irreverente e incluso extravagante con una propuesta de calidez, flexibilidad, atención al paciente y autorrevelaciones estratégicas del terapeuta. Se señalan cuatro áreas en las que hace hincapié la TDC:

1. La aceptación y validación de la conducta tal como la presenta el paciente (la búsqueda del grano de sabiduría o verdad de la conducta del paciente).
2. El tratamiento de las conductas que interfieren en la terapia, provenientes tanto del paciente como del terapeuta.
3. La relación terapéutica como parte esencial del tratamiento.
4. La potenciación de los procesos dialécticos.

Lineham señala, en referencia a la importancia que da a la relación terapéutica y a lo que interfiere en la terapia, que este aspecto de su propuesta tiene más que ver con la idea psicodinámica de trasferencia y contratransferencia que con nada procedente de las terapias cognitivo-conductuales.

La estructura del tratamiento consiste en una **fase de pretratamiento,** cuyo objetivo es la implicación del paciente en la terapia explicando ésta y describiendo su formato y fundamentos; también en esta fase se establecen los cimientos de la relación terapéutica y se pactan las metas y compromisos básicos o reglas. Como ejemplos de reglas están la que dice que el paciente que abandone la terapia no puede volver a entrar en ella hasta que finalice o también la que establece que los pacientes que contacten con otras personas para pedir ayuda cuando tienen pensamientos suicidas deben estar dispuestos a aceptar esa ayuda.

La **fase de tratamiento** combina, como se ha señalado, el tratamiento individual y el grupal. Se señala que la formación de habilidades en el tratamiento grupal, siendo indispensable, es sólo una parte del tratamiento de la TDC, nunca el tratamiento total, y que se halla al servicio de la psicoterapia individual. En las sesiones individuales se trabajan las conductas que interfieren en la calidad de vida, que interfieren en la terapia y las específicamente vinculadas al suicidio o a la amenaza de suicidio. Igualmente, se atiende a los frecuentes problemas de estrés postraumático en estos pacientes (la prevalencia de abusos recibidos en la infancia en estos pacientes es muy alta). Se utilizan consultas telefónicas de apoyo, además de las consultas regulares. El papel del terapeuta es activo en la ayuda al paciente para que aplique las habilidades aprendidas a su entorno real.

Las *sesiones de grupo* están, como se ha dicho, orientadas al desarrollo de habilidades psicosociales, y se articulan en torno a cuatro módulos:

1. *Habilidades básicas de conciencia.* En este módulo se introduce la atención plena o *mindfulness*. Se considera la base para introducir las otras habilidades y, además de los fundamentos generales del *mindfulness*, trabaja aspectos como las *habilidades qué,* para incrementar la conciencia de las cosas (observar, describir y, finalmente, participar), y las *habilidades cómo,* para detallar cómo se atiende, se observa y se participa (no juzgar, centrarse en una sola cosa en cada momento, ser efectivo).
2. *Habilidades de efectividad interpersonal.*
3. *Habilidades de regulación de las emociones.*
4. *Habilidades de tolerancia al malestar.*

Finalmente, en la **fase de postratamiento** se proponen grupos de autoayuda, el mantenimiento de logros y la prevención de recaídas.

## 3. MINDFULNESS

La palabra inglesa *mindfulness* es la traducción de la palabra *sati* del palí, idioma en el que fueron plasmadas las enseñanzas de Buda. En castellano se han utilizado los términos *atención plena* o *conciencia plena*, aunque en la mayoría de los textos se utiliza el término inglés. La palabra *sati* significa *conciencia, atención* y *recuerdo*. Originalmente es una técnica de meditación perteneciente a la meditación *Vipassana*. El interés occidental por el saber oriental no es nuevo, pero la incorporación de estas técnicas a modelos terapéuticos occidentales y, también, el sometimiento exitoso de sus conceptos y resultados a los métodos de evaluación reconocidos en Occidente han contribuido al gran interés que despiertan actualmente.

Jon Kabat-Zinn, considerado el pionero en las aplicaciones clínicas del *mindfulness*, lo define *como la conciencia que surge de prestar atención intencionalmente en el momento presente y sin juzgar a las experiencias que se despliegan en cada momento*. Otras definiciones insisten igualmente en la autorregulación de la atención, la referencia al momento presente, la no valoración, la presencia atenta y reflexiva y la curiosidad, apertura y aceptación de lo que se presenta a nuestra mente, incluyendo lo proveniente del cuerpo.

El elemento esencial es *la aceptación radical, sin juicio, de la propia experiencia*. Esto incluye tanto lo positivo como lo negativo, y en esta apertura a lo negativo sin una acción directa sobre ello (distracción, control, evitación) radica su diferencia con algunos de los métodos terapéuticos tradicionales, sobre todo los derivados del paradigma cognitivo-conductual, que son los que más activamente lo han incorporado a sus repertorios terapéuticos.

Derivado de la actitud budista de no apego o no identificación, uno de los pilares de los programas basados en este acercamiento es la idea de *no ser nuestros propios pensamientos*. Así, se propone que cuando menos identificada esté la mente con el contenido de los propios pensamientos, mayor será la capacidad de concentrarse.

Los elementos fundamentales de la actitud en la práctica del *mindfulness*, son, tal como los propone Kabat-Zinn:

1. *No juzgar*. No categorizar en bueno o malo.
2. *Paciencia*. Estar abierto a cada momento sin precipitación.
3. *Mente de principiante*. Tratar de evitar la influencia de lo previo sobre el presente.
4. *Confianza*. Responsabilizarnos y confiar en nosotros mismos.

© Ediciones Pirámide

5. *No esforzarse.* Dejar que el resultado se produzca por sí mismo.
6. *Aceptación.* La voluntad de ver las cosas como son.

**Aplicaciones del *mindfulness***

Como ya se ha señalado anteriormente, el *mindfulness* es parte esencial de muchos de los tratamientos de tercera generación de esta línea, entre ellos los ya vistos, como la ACT de Haynes y la TDC de Lineham. Se ha aplicado a una serie de trastornos específicos, como los trastornos de ansiedad, los obsesivo-compulsivos, el estrés, la depresión, el TLP, los trastornos de la conducta alimentaria, las conductas adictivas, el dolor crónico y el TDAH. Veamos, de entre ellas, la propuesta de Kabat-Zinn, su Programa de Reducción de Estrés Basado en Mindfulness (MBSR), por ser el germen de muchas otras aplicaciones.

**Programa de Reducción de Estrés Basado en Mindfulness (MBSR) (Kabat-Zinn)**

Este programa combina la práctica de la meditación con un *enfoque psicoeducacional*. Kabat-Zinn opone la *respuesta al estrés* a la *reacción al estrés*. Ésta sería una respuesta fisiológica desequilibrada que refleja una fuerte activación del organismo ante la situación estresante, acompañada de síntomas psicológicos que pueden ser entendidos como intentos inadecuados para afrontarla. Al incrementar la conciencia del paciente sobre lo que sucede mientras el evento estresante tiene lugar, la respuesta al estrés, se propone que se produce un cambio interno que puede disminuir la intensidad de la reacción anterior al estrés.

El programa se desarrolla en grupo (unos 30 participantes) con una sesión semanal durante 8 semanas. Las técnicas que se utilizan son:

1. *Autoexploración corporal.* Se va dirigiendo la atención, después de un período de preparación y siguiendo unas instrucciones definidas, a diferentes partes del cuerpo, con el objetivo de incrementar cuantitativa y cualitativamente la atención.
2. *Ejercicio de comer una uva pasa con atención plena.* Se propone en la primera sesión como un ejemplo de una experiencia cotidiana que cambia a través de la atención plena.
3. *Meditación.* Una modalidad se practica en posición sentada. Se va guiando al paciente de centrarse sólo en la respiración en las primeras sesiones para ampliar el foco de la atención hasta lle-

gar a los propios pensamientos. Otra modalidad que se propone es la meditación caminando, con el objetivo de ir extendiendo la posibilidad de meditación en otras circunstancias de la vida cotidiana.
4. *Estiramientos de Hatha Yoga.* El propósito es realizarlos con atención plena para tener la conciencia de las sensaciones al adoptar diferentes posturas.
5. *Atención a la vida cotidiana.* Se compromete al paciente a prestar atención al día a día, a lo cotidiano, a lo aparentemente irrelevante con atención plena.

Como se ha podido ver, el trabajo no sólo se desarrolla en las sesiones sino también fuera de ellas. El programa actualmente se ha extendido a otros trastornos, enmarcándose principalmente en la medicina conductual.

## 4. PSICOLOGÍA POSITIVA (SELIGMAN)

La psicología positiva (PsP) no es propiamente una terapia, pero al proponerse, además de como una teoría, como una serie de intervenciones en el ámbito de la salud y el bienestar que han alcanzado un cierto predicamento, la incluimos aquí. No es ajeno a este predicamento actual la categoría de sus principales valedores, como Martin Seligman, quien introdujo, entre otras aportaciones, el concepto de indefensión aprendida, o Mijail Csikszentmihalyi.

Seligman parte de la consideración de que la psicología históricamente se ha centrado en la enfermedad mental, en lo negativo del ser humano, y aunque ha logrado un notable éxito en el alivio de enfermedades mentales, este éxito ha sido a costa de relegar a un segundo plano el desarrollo de las condiciones personales y vitales que hacen, en sus palabras, que merezca la pena vivir. Una vez vista así la historia de la psicología, propone un giro de esta ciencia que desarrolle la comprensión de las cualidades y de las estrategias que nos acerquen a la «buena vida», según el concepto aristotélico que recoge Seligman. Así, el punto de partida es que la *felicidad es un derecho y un objetivo legítimo de todo ser humano.*

Aunque los puntos de contacto con las propuestas de la psicología humanista son obvios, se reconocen sólo incidentalmente (en algunos textos ni se nombran) y, con el mismo argumento que hemos visto usar a la terapia de aceptación y compromiso, es decir, que no validaron científicamente sus propuestas, pasan a desarrollar sus ideas. Seligman y sus seguidores expresamente pretenden someter sus propuestas a validación empírica.

La PsP se articula en el estudio de tres áreas:

1. Las *emociones positivas*.
2. Los rasgos positivos, básicamente las *fortalezas y virtudes*.
3. Las *instituciones positivas* (p. ej., la democracia o las familias unidas) que sustentan las virtudes y, por ende, sostienen las emociones positivas.

Cada una de estas áreas se articula en una vía conducente al bienestar:

1. La *vida placentera,* a partir de la experimentación de emociones positivas sobre el pasado, el presente y el futuro.
2. La *vida comprometida,* referida a la puesta en práctica de las fortalezas personales para así acceder a un mayor número de experiencias óptimas.
3. La *vida significativa,* que apunta al sentido vital y al desarrollo de objetivos que transcienden a uno mismo.

El énfasis en la emoción positiva parte de la propuesta de Seligman de comparar la función evolutiva de las emociones negativas y las positivas. Mientras las negativas se enmarcan en la dialéctica victoria-derrota, se articulan en torno al componente de *aversión* y nos preparan frente a la amenaza externa, las positivas (alegría, fluidez, regocijo, placer, satisfacción, serenidad, esperanza y éxtasis) impulsan al acercamiento en lugar de a la evitación, y a un modo de pensar y de interaccionar con el mundo que apunta, según Seligman, más eficazmente hacia la felicidad.

En cuanto a las virtudes y fortalezas, se parte, para definirlas, de tres criterios:

1. Que se valoren en la mayoría de las culturas.
2. Que se valoren en sí mismas y no como medio para alcanzar otros fines.
3. Que sean maleables.

Se proponen seis virtudes (extraídas de las propuestas filosóficas y morales dadas a lo largo de la historia, desde Confucio hasta Aristóteles, pasando por el código de los samuráis). Estas seis virtudes se subdividen para su operativización en un total de 24 fortalezas:

— *Sabiduría y conocimiento* (Fortalezas: Curiosidad e interés por el mundo / Amor por el conocimiento / Pensamiento crítico y mentalidad abierta / Ingenio, originalidad, inteligencia práctica, perspicacia / Inteligencia social, personal y emocional / Perspectiva).
— *Valor* (Fortalezas: Valor y valentía / Perseverancia, laboriosidad, diligencia / Integridad, autenticidad, honestidad).
— *Amor y humanidad* (Fortalezas: Bondad y generosidad / Amar y dejarse amar).
— *Justicia* (Fortalezas: Civismo, deber, trabajo en equipo, lealtad / Imparcialidad y equidad / Liderazgo).
— *Templanza* (Fortalezas: Autocontrol / Prudencia, discreción, cautela / Humildad y modestia).
— *Espiritualidad y trascendencia* (Fortalezas: Disfrute de la belleza y la excelencia / Gratitud / Esperanza, optimismo, previsión / Espiritualidad, propósito, fe, religiosidad / Perdón y clemencia / Picardía y sentido del humor / Brío, pasión, entusiasmo).

Una vez definidas las fortalezas, se define la buena vida en función de éstas: *la buena vida consiste en utilizar las fortalezas características (de cada uno) con la mayor frecuencia posible en los ámbitos relevantes de la vida a fin de obtener una felicidad auténtica.*

A la hora de la intervención, Seligman señala que las intervenciones en la psicología convencional, calificadas como opresivas, consisten en reparar daños (pasar de «menos seis» a «menos dos»), mientras que las intervenciones en PsP impulsan el desarrollo de las fortalezas y virtudes (pasar del «más tres» al «más ocho»).

A partir de estos planteamientos, han aparecido un buen número de programas que van orientados al incremento de la satisfacción y del bienestar de las personas, tanto con problemas psicológicos como sin ellos. Estos programas se presentan reclamando diferentes cuotas de originalidad: desde los que se presentan como «nuevos» hasta los que reconocen que trabajan sobre los factores comunes de muchas psicoterapias (énfasis en lo positivo, control, validación, impulso a la mejora, etc.). En general, incluyen el trabajo sobre las fortalezas, competencias y habilidades para el afrontamiento y el desarrollo personal.

Como se ha señalado, Seligman y sus seguidores insisten en la validación empírica de sus supuestos y de sus resultados; algunos críticos señalan que la investigación es menos favorable a los supuestos y pretendidos de la PsP de lo que se argumenta. Por otro lado, se ha hecho hincapié en los factores ideológicos (individualismo y búsqueda de la felicidad de la cultura conservadora norteamericana) que subyacen a la PsP. El lector puede seguir la polémica en los artículos de Vázquez y de Pérez-Álvarez de la bibliografía.

## 5. EMDR – *EYE MOVEMENT DESENSITIZATION AND REPROCESSING* (SHAPIRO)

EMDR, conocida así, por sus siglas en inglés, y cuya traducción sería *Reprocesamiento y Desensibilización a través de Movimientos Oculares,* es una psicoterapia propuesta por Francine Shapiro. Esta autora relata que fue un descubrimiento casual lo que la llevó al desarrollo del EMDR: dando un paseo, descubrió que desaparecieron súbitamente algunos pensamientos perturbadores que experimentaba y que al volver a evocarlos habían perdido su capacidad perturbadora. Al prestar atención a lo que sucedía, notó que al aparecer esos pensamientos sus ojos comenzaban a moverse muy rápidamente, de arriba abajo. A partir de la comprobación reiterada de este efecto en ella, comenzó a sistematizar su uso con pacientes, pidiéndoles que siguieran con la vista el movimiento de lado a lado de su dedo mientras evocaban pensamientos perturbadores (recuerdos, creencias, situaciones perturbadoras, humillantes, frustraciones), constatando que el alivio de la ansiedad se producía. En el desarrollo de su propuesta va integrando el emparejamiento de los recuerdos con el movimiento de ojos en un protocolo de sesión de EMDR que presentamos más adelante.

En cuanto a la fundamentación teórica de su modelo, Shapiro propone como marco teórico el *procesamiento de la información a un estado adaptativo*. Esta teoría supone que existe un equilibrio neurológico en un sistema fisiológico que permite que la información sea procesada hasta alcanzar una *resolución adaptativa:* lo que resulta útil (tanto experiencias positivas como negativas) es almacenado y está disponible para su uso. Al experimentar un trauma psicológico se produce un desequilibrio fisiológico y neurológico y el sistema de procesamiento de información queda incapacitado y la información incorporada en el evento traumático —imágenes, sonidos, emociones, sensaciones físicas— se mantiene neurológicamente en ese estado perturbado. Cuando algún estímulo elicita esa información, aparece con toda su carga negativa e incapacitante (pasadillas, *flashbacks,* pensamientos intrusivos: los síntomas del trastorno por estrés postraumático). La hipótesis de Shapiro es que el EMDR detona un estado fisiológico que facilita el procesamiento de la información. Señala específicamente la estimulación de la *atención dual:* al mover de lado a lado los ojos se supone que hay una estimulación bilateral del cerebro. A pesar de que el movimiento de ojos le dio nombre al sistema, posteriormente se incorporó la posibilidad de estimulación táctil (el terapeuta da pequeños golpes alternativamente en las rodillas, las palmas de las manos o en los hombros) o auditiva (sonidos alternados en ambos oídos).

Shapiro señala que asume el concepto de *autosanación psicológica*: al igual que el cuerpo responde cuando recibe una herida física, el cerebro puede hacer lo mismo removiendo los obstáculos que lo impiden. Aunque en un principio el EMDR se orientó hacia el tratamiento del trauma, ha ido extendiendo su campo de aplicaciones manteniendo su hipótesis de que el sufrimiento psicológico deriva de experiencias no procesadas. En este sentido, distingue los *traumas «T»* (los derivados de guerras, terrorismo, violación, agresión, terremotos, etc.) y los *traumas «t»* (derivados de la historia personal, con significación individual).

Aunque se establecen variantes para trastornos específicos, veamos los componentes del protocolo del tratamiento de EMDR, que se articula en 8 fases:

1. **Historial clínico y planificación.** Obtener la información necesaria para diseñar un plan de tratamiento y establecer por parte del terapeuta los blancos específicos que necesitarán ser reprocesados.
2. **Preparación.** Establecer la alianza terapéutica y dar información completa sobre lo que es EMDR. Se establecen los procedimientos.
3. **Evaluación.** No se refiere a la evaluación general, previa a cualquier terapia, sino a la específica de EMDR. En esta fase el paciente identifica lo siguiente:

   — La imagen objetivo que representa el peor aspecto del asunto que se está tratando.
   — Cogniciones negativas que actualmente acompañan al suceso objeto de trabajo terapéutico.
   — Cogniciones positivas alternativas que se querría que acompañasen a ese suceso.
   — Nivel de validez de las cogniciones deseadas (establecida por el paciente a través de una escala de 1 a 7).

- Emociones que acompañan a la evocación de la escena.
- Nivel de malestar emocional (establecido por el paciente en la escala de Unidades Subjetivas de Perturbación de Wolpe, que va de 0 a 10) experimentado cuando se evoca la imagen.
- Sensaciones físicas que se presentan.

4. **Desensibilización.** El paciente se focaliza en la imagen elegida (junto con sus correspondientes cogniciones negativas, emociones y sensaciones físicas) mientras mueve sus ojos lateralmente siguiendo el dedo del terapeuta (o la actividad táctil o auditiva alternativa). Esto continúa hasta el logro de la desensibilización, aunque el terapeuta valorará las contingencias que se produzcan, pudiendo proponer el trabajo sobre otras imágenes.
5. **Instalación.** Cuando se ha logrado la desensibilización, la cognición positiva que se estableció anteriormente (o una más apropiada que haya surgido) se empareja con la imagen a través del movimiento de ojos o sus alternativas.
6. **Exploración corporal** *(Body Scan)*. Cuando el proceso se completa, un índice de ello será la no aparición de malestar aparente. Al paciente se le pide que atienda a las sensaciones corporales buscando cualquier sensación residual.
7. **Clausura.** Hacia el final de la sesión el terapeuta discute con el paciente la posibilidad de que aparezca en su conciencia nuevo material. Se la anima a llevar un diario de los temas que le afecten y del nuevo material que pueda surgir.
8. **Reevaluación.** En esta fase, ya en otra sesión, se reevalúa el material de la anterior sesión.

Shapiro declara alinearse en las filas de la integración y señala que asume principios del psicoanálisis (la importancia de las primeras experiencias), de la terapia de conducta (conceptos de condicionamiento y generalización), de las humanistas (tendencia actualizante o a estar bien) y de las cognitivas (el peso de las cogniciones positivas y negativas), aunque describe su propuesta no como una técnica sino como un enfoque psicoterapéutico integral.

## 6. LA ALIANZA TERAPÉUTICA

La falta de evidencia, a la que ya se ha aludido reiteradamente, de eficacia diferencial entre los principales modelos psicoterapéuticos provocó toda una línea de investigación orientada a la búsqueda de los factores relacionados con el éxito o fracaso terapéutico. Apoyado en un sólido cuerpo de investigación, se puede señalar que el mejor predictor del éxito terapéutico es la *calidad de la alianza terapéutica*. Muy relacionados con este hallazgo se pueden señalar otros dos:

— Los casos con malos resultados en la terapia conllevan un mayor número de procesos interpersonales negativos entre terapeuta y paciente que los casos con buenos resultados.
— Al buscar las razones de por qué unos terapeutas son sistemáticamente más eficaces que otros, se encuentra que la habilidad terapéutica parece ser más relevante que la escuela de terapia que siga. Dentro de la habilidad queda incluida la capacidad de desarrollar la alianza terapéutica.

El interés por la relación paciente-terapeuta no sólo no es nuevo sino que se puede decir que nace con la psicoterapia: la centralidad que da el psicoanálisis al análisis de la transferencia es una prueba de ello (con lo que este recorrido por la psicoterapia termina en su último punto haciendo referencia al primero). Posteriormente las terapias humanistas van a dar la máxima importancia a esa relación con requerimientos al terapeuta sobre su relación con el paciente tales como la consideración positiva incondicional, la empatía, la autenticidad y la congruencia. Otras escuelas han atendido menos a esta relación pero de un modo u otro han establecido lo que en cada caso parecía conveniente: relación experto-experto, guía en el aprendizaje. Además, como hemos visto en este capítulo, las llamadas terapias conductistas de tercera generación, como resultado de los potentes datos de investigación sobre la alianza terapéutica, incorporan el trabajo sobre la alianza terapéutica como componente explícito de sus propuestas.

Admitiendo la simplificación que supone, proponemos a continuación la visión de los grandes modelos de terapia de la relación terapéutica:

— Humanista: la relación es la terapia.
— Psicoanálisis: la terapia es el análisis de la relación.
— Cognitiva: la relación es el marco de la terapia.
— Sistémica: la relación es un instrumento de la terapia.
— Conductista: la relación es un apoyo del tratamiento.

Pasando del concepto de relación al de alianza terapéutica, éste ha sido denominado la *variable integrativa quintaesencial* por algunos autores y, dada la atención que le dedican actualmente las distintas tradiciones terapéuticas, parece que es una denominación acertada. El marco de la alianza sería que, como consecuencia de la relación concreta que se da, el paciente genera una actitud de confianza y de expectativas positivas en la capacidad del terapeuta. Una propuesta ampliamente aceptada es la de Bordin, quien describió la alianza como integrada por tres componentes independientes: *tareas, objetivos* y *vínculo*.

1. *Tareas:* Son las actividades concretas que el paciente debe llevar a cabo para bien del tratamiento.
2. *Objetivos:* Son los objetivos generales hacia los que se orienta el tratamiento.
3. *Vínculo:* Trata de la calidad afectiva de la relación paciente-terapeuta. Sentirse, por parte del paciente, comprendido, respetado, valorado.

Estos tres componentes se interrelacionan. La calidad del vínculo influye en la negociación de una tarea y la capacidad de negociar algún aspecto de la terapia influye, a su vez, sobre el vínculo. La investigación ha señalado que la percepción de la calidad de la alianza terapéutica por parte del paciente predice mejor el éxito o fracaso de la terapia que la percepción del terapeuta, cuando hay diferencia entre ambos. Se han desarrollado escalas, como el Working Alliance Inventory (WAI), para estudiar la alianza desde sesiones tempranas de la terapia. La atención central a las rupturas de la alianza y las estrategias terapéuticas para afrontarlas son una actual línea de desarrollo dentro de las habilidades terapéuticas. Desde esta perspectiva, la capacidad de negociación y el entendimiento de la relación terapéutica como una relación real han llevado a señalar que, en lo que se refiere al terapeuta, los aspectos técnicos y profesionales que influyen en la alianza están mediatizados por factores personales y emocionales, lo que sugiere, una vez más, la conveniencia de un trabajo terapéutico personal del terapeuta.

## BIBLIOGRAFÍA

Barnes, G. (1994). *Justice, love and wisdom: Linking psychotherapy to second-order cybernetics*. Zagreb: Medicinska Naklada.
Bocchi, G. y Ceruti, M. (eds.) (1985). *La sfida della complessita*. Milán: Feltrinelli.
Bruner, J. (1986). *Actual minds, possible worlds*. Cambridge, MA: Harvard University Press.
Didonna, F. (2011). *Manual Clínico de Mindfulness*. Bilbao: Desclée de Brouwer (orig. 2009).
Efran, J. S. (1990). *Language, structure and change*. Nueva York: Norton.
Feixas, G. y Villegas, M. (1990). *Constructivismo y psicoterapia*. Barcelona: PPU.
Gonçalves, O. (1992). Narrativas del inconsciente. Las terapias cognitivas: Regreso al futuro. *Revista de Psicoterapia, 3* (12), pp. 29-48.
Guidano, J. (1990). De la revolución cognitiva a la intervención sistémica en términos de complejidad: La relación entre teoría y práctica en la evolución de un terapeuta cognitivo. *Revista de Psicoterapia, 1* (2-3), pp. 113-129.
Hayes, S. (2011). *Sal de tu mente, entra en tu vida*. Bilbao: Desclée de Brouwer.
Hayes, S., Strosahl, K. y Wilson, K. (1999). *Acceptance and commitment therapy*. Nueva York: Guilford Press.
Kabat-Zinn, J. (2004). *Vivir con plenitud las crisis: cómo utilizar la sabiduría del cuerpo y de la mente para afrontar el estrés, el dolor y la enfermedad*. Barcelona: Kairós.
Kohlenberg, R. J., Tsai, M., Ferro, R., Valero, L., Fernández, A. y Virués-Ortega, J. (2005). Psicoterapia analítico-funcional y terapia de aceptación y compromiso: teoría, aplicaciones y continuidad con el análisis del comportamiento. *International Journal of Clinical and Health Psychology, 5* (2), pp. 349-371.
Lineham, M. M. (2003). *Manual de tratamiento de los trastornos de personalidad límite*. Barcelona: Paidós (orig. 1993).
Lipke, H. (2000). *EMDR and Psycotherapy Integration*. Nueva York: CRC Press.
Luciano, M. C. y Valdivia, M. S. (2006). La terapia de aceptación y compromiso (ACT). Fundamentos, características y evidencia. *Papeles del Psicólogo, 27* (2), pp. 79-91.
Mahoney, M. (1992). Avances teóricos en las psicoterapias cognitivas. *Revista de Psicoterapia, 3* (12), pp. 49-62.
Maturana, H. y Varela, F. (1990). *El árbol del conocimiento*. Madrid: Debate (orig. 1987).
Morin, E. (1994). *Introducción al pensamiento complejo*. Barcelona: Gedisa (orig. 1990).
Neimeyer, G. (comp.) (1996). *Evaluación constructivista*. Barcelona: Paidós (orig. 1993).

Neimeyer, R. y Mahoney, M. (comps.) (1998). *Constructivismo en psicoterapia*. Barcelona: Paidós (orig. 1995).
Pérez-Álvarez, M. (2003). *Las cuatro causas de los trastornos psicológicos*. Madrid: Universitas.
Pérez-Álvarez, M. (2012). *Las raíces de la psicopatología moderna: la melancolía y la esquizofrenia*. Madrid: Pirámide.
Pérez-Álvarez, M. (2012). La psicología positiva: Magia simpática. *Papeles del Psicólogo, 33* (3), pp. 183-201.
Pérez-Álvarez, M. (2013). La psicología positiva y sus amigos: en evidencia. *Papeles del Psicólogo, 34* (3), pp. 208-226.
Rojí, B. y Saúl, L. A. (2005). *Introducción a las terapias experienciales y constructivistas* (caps. 1, 9-12). Madrid: UNED.
Ruiz, M. A., Díaz, M. I. y Villalobos, A. (2012). *Manual de técnicas de intervención cognitivo conductuales*. Bilbao: Desclée de Brouwer.
Safran, J. D. y Muran, J. C. (2005). *La alianza terapéutica. Una guía para el tratamiento relacional*. Bilbao: Desclée de Brouwer (orig. 2000).
Seligman, M. (2003). *La auténtica felicidad*. Madrid: BSA/Vergara (orig. 2002).
Shapiro, F. (2004). *EMDR Desensibilización y Reprocesamiento por medio de Movimiento Ocular*. México: Editorial Pax (orig. 2001).
Vallejo, M. A. (2006). Mindfulness. *Papeles del Psicólogo, 27* (2), pp. 92-99.
Varela, F., Thompson, E. y Rosch, E. (1992). *De cuerpo presente. Las ciencias cognitivas y la experiencia humana*. Barcelona: Gedisa.
Vázquez, C. (2013). La psicología positiva y sus enemigos: una réplica en base a la evidencia empírica. *Papeles del Psicólogo, 34* (2), pp. 91-115.
Vázquez, C. y Hervás, G. (eds.) (2008). *Psicología positiva aplicada*. Bilbao: Desclée de Brouwer.
Vogel, D. (1995). Perspectivas narrativas en la teoría y en la práctica. *Revista de Psicoterapia, 6* (22-23), pp. 21-38.
Von Foerster, H. (1981). *Observing systems*. Seaside: Intersystems Publications.
Watzlawick, P. y Krieg, P. (comps.) (1994). *El ojo del observador. Contribuciones al constructivismo*. Barcelona: Gedisa (orig. 1991).
Wilson, K. y Luciano, M. C. (2002). *Terapia de aceptación y compromiso (ACT)*. Madrid: Pirámide.

# Nota (discordante) final

Después de este paseo por los principales conceptos y esquemas que conforman la psicoterapia como un saber que se ofrece a las personas para aliviar una parte de sus sufrimientos, cabría pensar, quizá, que perseverando en la línea de la integración, la tolerancia y la apertura a la diferencia llegaremos a la construcción de una herramienta que realmente sirva de un modo digno al hombre. Es posible, y si lo es no cabe la menor duda de que no hay excusa, escolástica o de bandería por muy «científicamente» arropada que se presente, para no plantear esa tarea como un prioritario objetivo de la profesión. Sin embargo, creo que esa tarea no se podrá desarrollar plenamente mientras no introduzcamos un factor que sólo de un modo muy tangencial se ha tratado en el texto. Me refiero a la dimensión política de nuestra tarea, a los factores ideológicos que determinan nuestro rol profesional y, en definitiva, a nuestra colusión —como ciudadanos y como terapeutas— con un determinado estado de las cosas.

En los años sesenta, Laing —un terapeuta que abrió uno de los caminos disponibles para transitar por estas cuestiones—, refiriéndose a la entonces candente guerra del Vietnam, sostenía en un precioso texto, *Lo obvio,* que los psicólogos necesitábamos incrementar nuestra conciencia de los correlatos psicológicos normales del estado normal de los acontecimientos, de los cuales, señalaba Laing, Vietnam era sólo una de las manifestaciones más obviamente normal. Si pensamos de este modo, por ejemplo, en la guerra en Bosnia como una manifestación normal del estado normal de los acontecimientos, será difícil que podamos evitar un cierto estremecimiento al contemplar nuestro interés de hecho en mantener este estado normal de las cosas —léase: situación, ingresos, prestigio o nuestras aspiraciones a todo ello—. A menos, claro está, que pensemos que los cañones suenan lejos (tan lejos como las violaciones, la explotación, la intimidación, el abuso...).

Como terapeutas, corporativamente, tratamos las consecuencias de lo anterior con una cierta (o aplastante) atribución de patología, lo que nos libra de sentirnos parte de ello. Hace unos días (escribo esto en el verano del 95) apareció en un periódico una noticia en la que se decía que se esperaba un altísimo número de alteraciones psicológicas graves en la población de Sarajevo y que, por tanto, equipos especializados de psiquiatras y psicólogos deberían intervenir. Teniendo en cuenta que nos presentamos como expertos en la mente humana —la fatuidad es nuestra enfermedad profesional—, llama la atención el importante papel que tenemos *después* en comparación con la insignificancia de nuestro papel *antes*. No es imposible pensar, en una macabra ironía (pero sobre la que nos convendría reflexionar), que el propio Karadzic, nuestro colega, sea un experto en el tratamiento de los trastornos postraumáticos.

Si nos salimos de lo extremadamente normal, como el caso de Bosnia, y nos situamos en nuestra práctica cotidiana, la esencia del argumento —nuestra colusión con el estado normal de las cosas— queda incómodamente en pie. Los factores ideológicos, de poder y los elementos mistificadores que *también* determinan nuestra práctica profesional son, obviamente, soslayados en la presentación que hacemos a los demás —y a nosotros mismos— de dicha práctica. Digamos, de un modo elegantemente terapéutico, que forman lo negado de nuestra profesión.

Sin embargo, el hecho de que exista toda un área corporativamente negada no quiere decir que no podamos enfrentarnos a ella. En realidad, si no lo hacemos seremos cada vez más determinados por ella, como nuestro propio saber enseña (a los demás). Salvo que el lector necesite compulsivamente salvar su buena conciencia, en cuyo caso esta nota le sobra, es extremadamente recomendable que lea a los autores —de Foucault a Laing, pasando por Szasz— que se han enfrentado con el aspecto más insincero del discurso de nuestra profesión. Seguro que se encontrará con exageraciones y callejones sin salida, pero también con la lucidez y la valentía que uno desearía para sí en la tarea de afrontar la propia realidad en todas sus caras, las feas incluidas. Buen viaje.

## BIBLIOGRAFÍA

Cooper, D. (1979). *La gramática de la vida*. Barcelona: Ariel (orig. 1974).
Deleuze, G. y Guatari, F. (1982). *El anti-Edipo*. Barcelona: Paidós (orig. 1973).
Forti, L. (comp.) (1976). *La otra locura*. Barcelona: Tusquets (orig. 1975).
Foucault, M. (1966). *El nacimiento de la clínica*. México: Siglo XXI (orig. 1963).
Laing, R. D. (1977). *La política de la experiencia*. Barcelona: Crítica (orig. 1967).
Laing, R. D. (1975). Lo obvio. En H. M. Ruitenbeek (comp.), *Hacia la locura*. Madrid: Ayuso (orig. 1968).
Martorell, J. L. (1989). Laing y la psicoterapia. *Revista de Psiquiatría y Psicología Humanista, 27/28*, pp. 129-138.
Pérez-Álvarez, M. y González Pardo, H. (2007). *La invención de trastornos mentales: ¿escuchando al fármaco o al paciente?* Madrid: Alianza.
Sokal, A. y Bricmont, J. (1999). *Imposturas intelectuales*. Barcelona: Paidós (orig. 1998).
Szasz, T. (1973). *El mito de la enfermedad mental*. Buenos Aires: Amorrortu (orig. 1962).
Szasz, T. (1992). *El segundo pecado*. Barcelona: Martínez Roca (orig. 1973).

# TÍTULOS RELACIONADOS

ACEPTACIÓN PSICOLÓGICA, S. Valdivia-Salas y M. Páez Blarrina.
ADICCIÓN A LA COMPRA, R. Rodríguez, J. M. Otero y R. Rodríguez.
ADICCIÓN A LAS NUEVAS TECNOLOGÍAS EN ADOLESCENTES Y JÓVENES, E. Echeburúa, F. J. Labrador y E. Becoña.
AGORAFOBIA Y ATAQUES DE PÁNICO, A. Bados López.
AGRESIÓN Y PSICOPATÍA, J. Ortegay M. Á. Alcázar (coords.).
ANÁLISIS FUNCIONAL DE LA CONDUCTA HUMANA, M.ª X. Froxán.
ANIMALES DE COMPAÑÍA Y SALUD, J. López-Cepero Borrego.
ATENCIÓN TEMPRANA EN EL ÁMBITO HOSPITALARIO, J. Piñero, J. Pérez-López, F. Vargas y A. B. Candela.
AVANCES EN EL TRATAMIENTO PSICOLÓGICO DE LOS TRASTORNOS DE ANSIEDAD, E. Echeburúa.
BUENAS PRÁCTICAS EN LA PREVENCIÓN DE TRASTORNOS DE LA CONDUCTA ALIMENTARIA, P. M. Ruiz J. M. Velilla y E. González.
CLAVES PSICOBIOLÓGICAS, DIAGNÓSTICAS Y DE INTERVENCIÓN EN EL AUTISMO, J. Folch-Schulz y J. Iglesias Dorado.
CÓMO ELEGIR EL MEJOR TRATAMIENTO PSICOLÓGICO, S. N. Haynes, A. Godoy y A. Gavino.
CONSULTORÍA CONDUCTUAL, M.ª X. Froján Parga (coord.).
DE LOS PRINCIPIOS DE LA PSICOLOGÍA A LA PRÁCTICA CLÍNICA, C. Rodríguez-Naranjo.
DETECCIÓN Y PREVENCIÓN EN EL AULA DE LOS PROBLEMAS DEL ADOLESCENTE, C. Saldaña (coord.).
DETECCIÓN Y PREVENCIÓN DE TRASTORNOS DE CONDUCTA EN LA INFANCIA Y LA ADOLESCENCIA, M. R. Ruiz-Olivares (coord.).
EL ADOLESCENTE EN SU MUNDO, J. Toro Trallero.
EL JUEGO PATOLÓGICO, E. Echeburúa, E. Becoña, F. J. Labrador y Fundación Gaudium (coords.).
ÉTICA PROFESIONAL EN SALUD MENTAL, J. M. Pastor y C. del Río.
FUNDAMENTOS Y APLICACIONES CLÍNICAS DE FACT, J. J. Macías Morón y L. Valero Aguayo.
GUÍA DE AYUDA AL TERAPEUTA COGNITIVO-CONDUCTUAL, A. Gavino.
GUÍA DE ÉTICA PROFESIONAL EN PSICOLOGÍA CLÍNICA, C. del Río.
GUÍA DE TRATAMIENTOS PSICOLÓGICOS EFICACES I, II Y III, M. Pérez, J. R. Fernández, C. Fernández e I. Amigo (coords.).
GUÍA PRÁCTICA DE EVALUACIÓN PSICOLÓGICA CLÍNICA, C. Marín.
HABILIDADES CLÍNICAS PARA APLICAR, CORREGIR E INTERPRETAR LAS ESCALAS DE INGELIGENCIA WECHSLER, M.ª Forns i Santacana y J. A. Amador Campos.
INTERVENCIÓN EN LOS TRASTORNOS DEL COMPORTAMIENTO INFANTIL, M. Servera Barceló (coord.).
INTERVENCIÓN PSICOLÓGICA, J. Olivares, D. Macià, A. I. Rosa y P. J. Olivares.
INTERVENCIÓN PSICOLÓGICA EN ACTIVIDAD FÍSICA Y DEPORTE, P. J. Jiménez Martín.
INTERVENCIÓN PSICOLÓGICA CONDUCTUAL Y CONDUCTUAL-COGNITIVA, P. J. Olivares-Olivares, Á. Rosa, A. I. Rosa y J. Olivares.
INTERVENCIÓN PSICOLÓGICA Y EDUCATIVA CON NIÑOS Y ADOLESCENTES, F. X. Méndez, J. P. Espada y M. Orgilés (coords.).
LA INTERVENCIÓN ANTE EL MALTRATO INFANTIL, J. Martín.
LA INTERVENCIÓN PSICOEDUCATIVA DE FAWZY Y FAWZY PARA PACIENTES ONCOLÓGICOS, P. Martínez, Y. Andreu y M.ª José Galdón.
LA INTERVENCIÓN PSICOLÓGICA CONDUCTUAL Y CONDUCTUAL-COGNITIVA, P. J. Olivares-Olivares, Á. Rosa Alcázar, A. I. Rosa Alcázar y J. Olivares Rodríguez.
LA VOZ Y LAS DISFONÍAS DISFUNCIONALES, R. M.ª Rivas y M.ª J. Fiuza.
LAS RAÍCES DE LA PSICOPATOLOGÍA MODERNA, M. Pérez.
LOS PROBLEMAS PSICOLÓGICOS NO SON ENFERMEDADES, E. López y M. Costa.
MANUAL DE EVALUACIÓN DEL RIESGO DE VIOLENCIA, I. Loinaz.
MANUAL DE PROMOCIÓN DE LA RESILIENCIA INFANTIL Y ADOLESCENTE, M.ª de la F. Rodríguez, J. M. Morell y J. Fresneda (coords.).
MANUAL DE PSICOLOGÍA CLÍNICA INFANTIL Y DEL ADOLESCENTE. Trastornos específicos, V. E. Caballo y M. A. Simón (coords.).
MANUAL DE PSICOLOGÍA CLÍNICA INFANTIL Y DEL ADOLESCENTE. Trastornos generales, V. E. Caballo y M. A. Simón (coords.).
MANUAL DE PSICOLOGÍA DE LA SALUD, I. Amigo.
MANUAL DE PSICOLOGÍA DE LA SALUD CON NIÑOS, ADOLESCENTES Y FAMILIA, J. M. Ortigosa, M.ª J. Quiles y F. X. Méndez.
MANUAL DE PSICOONCOLOGÍA, A. Cruzado Rodríguez (Coord.).
MANUAL DE PSICOPATOLOGÍA CLÍNICA, J. F. Rodríguez y P. J. Mesa.
MANUAL DE PSICOPATOLOGÍA GENERAL, P. J. Mesa y J. F. Rodríguez.
MANUAL DE PSICOPATOLOGÍA Y TRASTORNOS PSICOLÓGICOS, V. E. Caballo, I. C. Salazar y J. A. Carrobles (dirs.)
MANUAL DE TÉCNICAS DE MODIFICACIÓN Y TERAPIA DE CONDUCTA, F. J. Labrador, J. A. Cruzado y M. Muñoz.
MANUAL DE TELESALUD MENTAL, J. J. Martí Noguera (coord.).
MANUAL DE TRATAMIENTOS PSICOLÓGICOS, E. Fonseca.
MANUAL DEL PSICÓLOGO DE FAMILIA L. M.ª Llavona y F. X. Méndez.
MANUAL PARA LA AYUDA PSICOLÓGICA, M. Costa y E. López.
MANUAL PARA EL TRATAMIENTO PSCOLÓGICO DE LOS DELINCUENTES, S. Redondo Illescas.
MANUAL PRÁCTICO DEL JUEGO PATOLÓGICO, J. Fernández Montalvo y E. Echeburúa.
MEJORANDO LOS RESULTADOS EN PSICOTERAPIA, A. Gimeno.
MENORES EXPUESTOS A LA VIOLENCIA DE GÉNERO, C. López Soler, M. Alcántara López, M. Castro Sáez y A. Martínez Pérez
MODIFICACIÓN DE CONDUCTA, R. G. Miltenberger.
MÚLTIPLES APLICACIONES DE LA TERAPIA DE ACEPTACIÓN Y COMPROMISO (ACT), M. Páez Blarrina y O. Gutiérrez Martínez.
MUTISMO SELECTIVO, J. Olivares y P. J. Olivares-Olivares.
NEUROCOGNICIÓN, COGNICIÓN SOCIAL Y METACOGNICIÓN EN PSICOSIS, C. Rebolleda.
PRESERVACIÓN FAMILIAR, M.ª J. Rodrigo, M.ª L. Máiquez, J. C. Martín y S. Byrne.
PREVENCIÓN DE LAS ALTERACIONES ALIMENTARIAS, G. López-Guimerà y D. Sánchez-Carracedo.
PREVENCIÓN DE DROGODEPENDENCIAS Y OTRAS CONDUCTAS ADICTIVAS, M. Isorna Folgar y D. Saavedra Pino (coords.).
PROGRAMACIÓN FETAL, R. A. Caparros Gonzalez.
PSICOLOGÍA APLICADA A LA ACTIVIDAD FÍSICO-DEPORTIVA, J. A. Mora Mérida, J. García, S. Toro y J. A. Zarco.
PSICOLOGÍA CLÍNICA DE LA INFANCIA Y LA ADOLESCENCIA, M.ª T. González (coord.).
PSICOLOGÍA CLÍNICA BASADA EN LA EVIDENCIA, F. J. Labrador y M.ª Crespo.
PSICOLOGÍA CLÍNICA INFANTO-JUVENIL, R. González Barrón e I. Montoya-Castilla (coord..).
PSICOLOGÍA DE LA SALUD, J. Gil Roales-Nieto (dir.).
PSICOLOGÍA DE LA SALUD EN LA INFANCIA Y ADOLESCENCIA, A. I. Rosa Alcázar y P. J. Olivares Olivares (Coords.).
PSICOLOGÍA DE LA VEJEZ, R. Fernández-Ballesteros (dir.).
PSICOLOGÍA PERINATAL, M.ª de la F. Rodríguez Muñoz (coord.).
PSICOMOTRICIDAD, M. Bernaldo de Quirós Aragón.
PSICOPATOLOGÍA DEL NIÑO Y DEL ADOLESCENTE, R. González (coord.).
PSICOPATOLOGÍA CLÍNICA. Adaptado al DSM-5, M. Ortiz-Tallo.
PSICOPATOLOGÍA DEL DESARROLLO, L. Ezpeleta y J. Toro.
PSICOPATOLOGÍA GENERAL, M.ª J. Fernández Guerrero.
PSICOPATOLOGÍA INFANTIL BÁSICA, J. Rodríguez Sacristán (dir.).
PSICOTERAPIAS, J. L. Martorell.
REHABILITACIÓN PSICOSOCIAL DE PERSONAS CON TRASTORNOS MENTALES CRÓNICOS, A. Rodríguez González (coord.).
TDAH Y TRASTORNOS DEL COMPORTAMIENTO EN LA INFANCIA Y LA ADOLESCENCIA, C. López y A. Romero (Coords.).
TÉCNICAS DE MODIFICACIÓN DE CONDUCTA, F. J. Labrador.
TERAPIA DE ACEPTACIÓN Y COMPROMISO (ACT), K. G. Wilson y M. C. Luciano Soriano.
TERAPIA DE ACEPTACIÓN Y COMPROMISO EN PSICOSIS, J. A. Díaz Garrido, H. Laffite Cabrera y R. Zúñiga Costa (coords.).
TERAPIA DE CONDUCTA EN LA INFANCIA., I. Moreno García.
TERAPIA DE GRUPO PARA LOS TRASTORNOS POR CONSUMO DE SUSTANCIAS, L. Carter Sobell y M. B. Sobell.
TERAPIA PSICOLÓGICA, J. P. Espada, J. Olivares y F. X. Méndez.
TERAPIA PSICOLÓGICA CON NIÑOS Y ADOLESCENTES, F. X. Méndez, J. P. Espada y M. Orgilés (coords.).
TRASTORNO ESPECÍFICO DEL LENGUAJE (TEL), E. Mendoza Lara.
TRASTORNO DEL ESPECTRO AUTISTA, M. Ojea Rúa.
TRASTORNO DEL ESPECTRO AUTISTA, F. Alcantud Marín (coord.).
TRATAMIENTO PSICOLÓGICO DE LA ADICCIÓN AL JUEGO ONLINE, M. Chóliz Montañés Y M. Marcos Moliner.
TRATAMIENTO DE LOS TRASTORNOS DEPRESIVOS Y DE ANSIEDAD EN NIÑOS Y ADOLESCENTES, M.ª P. García y J. Sanz.
TRATAMIENTO PSICOLÓGICO DEL MUTISMO SELECTIVO, J. Olivares, A. I. Rosa y P. J. Olivares.
TRATAMIENTOS CONDUCTUALES EN LA INFANCIA Y ADOLESCENCIA, J. Olivares, F. X. Méndez y D. Macià.
TRATAMIENTOS PSICOLÓGICOS, J. Vila y M.ª del C. Fernández-Santaella.
TRATAMIENTOS PSICOLÓGICOS PARA LA PSICOSIS, E. Fonseca (coord.).
TRATAMIENTOS PSICOLÓGICOS Y TRASTORNOS CLÍNICOS, A. Gavino.
VIGOREXIA, A. García Alonso.
VIOLENCIA Y TRASTORNOS MENTALES, E. Echeburúa.
VIVIR CON LA DROGA, J. Valverde Molina.